U0473439

安迪·沃霍尔的哲学

〔美〕安迪·沃霍尔 著

寇淮禹 译

上海文艺出版社

安迪·沃霍尔的哲学

（从 A 到 B 又回到 A）

献词

献给帕特·哈克特（Pat Hackett），因为她极具才思地提炼了我的想法，将它们写了下来；

献给美丽的布里吉德·波尔克（Brigid Polk），因为她常在电话的另一边；

献给鲍勃·科拉切洛（Bob Colacello），因为他将一切汇集起来；还要献给史蒂文·M. L. 阿伦森（Steven M. L. Aronson），因为他是一位出色的编辑。

目录

B 和我：

安迪如何扮演他的沃霍尔 / 1

你没法与你的剪贴簿争辩。

1

爱（青春期） / 23

在捷克斯洛伐克长大。夏日里的工作。感到被冷落。分担问题。染上问题。我自己的问题。室友。精神科医师再没有打电话过来。我的第一台电视。我的第一个地盘。我的第一位超级明星。我的第一盘录音带。

2

爱（盛年） / 37

我最喜爱的六十年代女孩儿的沉浮起落。

3

爱（老年） / 45

在四十岁学到关于生命的真相。我的理想妻子。我的电话梦中情人。嫉妒。 昏暗的灯光和魔术镜。性与怀旧。易装皇后。浪漫难，性爱更难。性冷淡。

4

美 / 69

我的自画像。永久性的容貌问题，临时性的容貌问题：都该怎么应对。干净之美。好的平凡相貌。保持你的样貌。美丽的单调。

5

名声 / 89

我的光环。电视魔法。不合适的人适合演的角色。粉丝和狂热的粉丝。伊丽莎白·泰勒。

6

工作 / 107

艺术生意 vs. 生意艺术。我的早期电影。为什么我喜欢剩余物。活着是工作。性爱是工作。如何直视女佣。一屋子的糖果。

7

时间 / 129

我手头的时间。两件事情之间。排队。街头时间。飞机时间。缺失的化学物质。为什么我努力让自己看起来很糟糕。赴约。伊丽莎白·泰勒。

8

死亡 / 147

关于它的一切。

9

经济学 / 151

罗斯柴尔德故事。24 小时营业的药妆店。买朋友。桌上的支票簿。钢镚儿，钢镚儿，钢镚儿。吉娜 · 劳洛勃丽吉达的钢镚儿。

10

氛围 / 169

空无一物的空间。作为垃圾的艺术。毕加索的四千张杰作。我的上色技法。我的艺术的终结。我的艺术的重生。香水空间。乡间的好生活以及我为什么受不了。一棵在曼哈顿努力生长的树。平凡而美好的美式食堂。安迪快餐厅。

11

成功 / 199

台阶上的明星。为什么每个人都需要至少一位发型师。小象。乌苏拉 · 安德斯。伊丽莎白 · 泰勒。

12

艺术 / 215

大奖赛。新艺术。切萨拉米。光彩夺目的风险。别碰我。冷冰冰的人。

13

头衔 / 231

欧洲的通婚。宫廷女侍。谁在利用谁。香槟下巴和啤酒肚。

14

亮闪闪 / 247

如何以美国的方式搞卫生。

15

内裤力量 / 291

当我的哲学耗尽时，我在星期六做什么。

A：就一小块儿……小点儿……再小点儿

B 和我：

安迪如何扮演他的沃霍尔

A：我从没打给过自己的电话应答服务[1]。

1　电话应答服务（answering service）是由电话应答服务提供商提供给客户的一项服务，用于在一般工作时间之外为客户接听来电，记录相关内容，供客户致电查询。它早于电话答录机的发明，而且相较于电话答录机，电话应答服务由人接听来电，更加人性化，同时可以对内容紧急的来电做更为灵活的处理。

我醒了，打给 B。

B 是随便一个可以帮我消磨时间的人。

B 是随便什么人，而我什么人也不是。B 和我。

我需要 B，因为我无法一个人待着——除了在我睡觉的时候，那时我无法和任何人在一起。

我醒了，打给 B。[1]

“嗨。”

“是 A 吗？等一下，我去关电视。还要去尿个尿。我吃了个脱水药丸，这让我每隔十五分钟就得尿一次尿。”

1　如上文所述，在本书里，“B 是随便什么人”。不过本章和沃霍尔通电话的这个 B，依照文章内容推断，是布里吉德·伯林（Brigid Berlin，1939—2020）。伯林生于富户人家，她的父亲在长达 32 年的时间里都是赫斯特（Hearst）这一庞大的媒体帝国的主席，不过她没有按照家庭的期望成为上流社会的社交名媛。她在 1964 年结识安迪·沃霍尔，并很快成为沃霍尔圈子里的重要一员。伯林出演过包括《切尔西女孩儿》（*Chelsea Girls*，1966）在内的多部沃霍尔电影。伯林常和沃霍尔通电话，本书献词中的布里吉德·波尔克（Brigid Polk）即是她。波尔克（Polk）这个昵称来自伯林常常给身边人扎针（poke）——给人注射维他命 B 和安非他明的混合剂。在沃霍尔的另一本书《波普主义》（*POPism*，1980）中，有大量的记述是关于伯林的。

去尿尿，我等着她。

“继续吧。”她终于回来了。“我刚醒，口很干。”

“我每天早上醒来，睁开眼，心里想：又是一天啊。”

“我起床因为我必须得尿尿。”

“我醒了就不会倒头再睡，”我说，“醒了再睡似乎是件危险的事。一整天的生活就像是一整天的电视。电视只要在白天开始播送节目就不会停下来，我也一样。到一天结束的时候，这一整天就成了一部电影。一部为电视拍摄的电影。”

“我从起床的那一刻就开始看电视。”B说。“我先看国家广播电视（NBC）的蓝色背景，然后转去另一个频道看他们另一种颜色的背景，我会看哪个颜色的背景和脸上的肤色比较搭。我记下来几句芭芭拉·沃尔特斯（Barbara Walters）[1] 的台词，这样等你有了自己的电视节目的时候我就可以用上了。”

B说的是我尚未实现的雄心壮志：一档我自己的固定播出的电视节目。我会叫它“没什么特别”（Nothing Special）节目。

“我早上醒来，”她说，“看着墙纸上的图案。那里是灰色，那儿有一朵花儿，花儿周围是黑色的点点，我心

1　芭芭拉·沃尔特斯（1929—2022），美国著名广播记者和电视主持人。1974年她出任NBC《今日秀》（*The Today Show*）节目的联合主持人，是全美第一个担当电视节目联合主持人的女性。

想：这是比尔·布拉斯（Bill Blass）[1]的墙纸吗？它简直和画作一样有名。你知道你今天应该干点儿什么吗，A？你应该找到全纽约最棒的铺抽屉的衬纸，然后用它设计一套作品出来。或者把它制成布料，再找个给椅子做软包的师傅，用那料子包一把椅子。花朵的部分要做成植绒的。椅子上还可以放抱枕。比起一幅画，一把椅子可以玩儿的花样可真是多多了。"

"那个我在惊慌之中抢购的装着四十磅大米的购物袋还放在我床边呢。"我说。

"我也一样，不过我买了八十磅。我简直要被它逼疯了，因为那个购物袋和我的窗帘颜色不搭。"

"我的枕头脏了。"

"也许你半夜睡着睡着，头朝下脚朝上调了个个儿，把月经弄到枕头上了。"

"我得把我的翅膀[2]取下来。"我用五个翅膀：两只眼睛下面各一个，嘴的两边各一个，前额上一个。

"你说什么？"

"我说我得把我的翅膀取下来。"

B是在笑话我的翅膀吗？"每天都是新的一天。"我说。"因为前一天的事我已经不记得了。所以我对我的翅

---

1 比尔·布拉斯（1922—2002），美国著名时装设计师。1970年，他买下此前为之服务的公司，将公司改以自己的名字命名。他被视为全美第一个以自己的名字命名时装品牌的设计师。

2 沃霍尔所称的翅膀（wings）应该是芙蓉妮（Frownies）一类的去皱贴。

膀很是感激。”

“噢，天呐，”她叹一口气，“每天都**确实是**新的一天。明天没有多重要，昨天也没有多重要。我真的只想着今天。而今天我想到的第一件事是我要如何才能省下一块钱。我躺在床上等着我想用电话联系的人打给我。这样我至少可以省下一毛钱。”

“我一醒就起，我蹭着地走，我来来回回地走，我踮着脚尖走，我蹦来跳去地走，只为避开地雷一般满地都是的裹着巧克力的樱桃。但我还是总会踩上一颗。我感觉到巧克力……”

“*我听不到你那边在说什么。我不懂你在说什么！*”

“我说我意识到那感觉我还挺喜欢的。

“我起床，踮着脚尖在屋内走动。时间还太早，我怕吵醒了房客，而要是在这时候我踩上一颗裹了巧克力的樱桃，我真的会很恨它，因为这让我想起来往什么东西上抹蜂蜜，然后忽然，天呐，刀上沾的蜂蜜被我弄到了地毯上，你知道蜂蜜总是往下滴答。蜂蜜应该放在一个能挤的东西里，就像免下车餐馆的番茄酱那样。

“我踩到了樱桃，只好爬去洗手间，因为脚趾间夹着裹了巧克力的樱桃就没法蹭着地走、来来回回走、踮着脚尖走或者蹦来跳去地走了。我爬到洗手池那里。我慢慢抬起上身，双手抵着洗手池的底座。”

“我不这样做。”B 说。“我要是脚趾间卡了一颗裹着巧克力的樱桃，我就使出一招瑜伽的姿势，端坐起来，试着把脚伸到嘴边，舔掉趾间的巧克力樱桃。之后我单脚跳去洗手间，这样我就不会把巧克力樱桃再蹭到地板的任何地方。一旦进了洗手间，我就抬起腿把脚伸到洗手池里洗干净。”

“我很肯定我照镜子的时候什么也看不到[1]。人们总说我是一面镜子，如果一面镜子看向另一面镜子，能看到什么呢？”

“当我照镜子的时候，我只知道我不会看到别人平时见到的那个我。”

“为什么呢，B？”

“因为我以自己希望呈现的方式出现在我自己面前。我做只给自己做的表情，不做别人会看到我做的那些表情。我不会撇撇嘴，说：‘钱呢？’”

“哦，B，别提钱，好不好？”这个B很有钱，所以不用说，她总是想着钱。

“有批评家说我是‘空无本无’（Nothingness Himself），但这完全无法帮我找到存在感。不过随后我意识到，存在

1 “什么也看不到”的原文是see nothing，而在下文中，沃霍尔又在不同意义上使用nothing这个词，译文随文意的侧重和中文表意的习惯而采取不同译法：虚无、虚空、空无、空无一物、一无所是、无意义、无价值等。波普艺术直接摄取外部世界的形象来使用，在这个意义上可以说波普艺术无所创造而只是映照，好像一面镜子一般。这里沃霍尔说“人们总说我是一面镜子”以及后文他说有批评家称他为“空无本无”，都可以在这一层意义上理解。更繁复的关于波普艺术的讨论，可以参看我发在豆瓣（https://www.douban.com/people/2853083/）上的《安迪·沃霍尔的波普概念》；而有关沃霍尔的艺术和思想与虚无的关系，我会另写一篇文章。

本身也是无意义的（nothing），于是我感觉好多了。但我仍然迷恋着照镜子时，什么人也看不到、什么东西也看不到这一想法。”

“我迷恋的想法是，”B说，“有一天照镜子时，可以对自己说：‘简直无法相信，我怎么能这么红呢？我怎么就跻身世界名人之列了呢？看看我这德性！’”

“日复一日，我照镜子时，仍然能看到点儿东西——一粒新起的痘痘。如果我右脸上方的痘痘消了，就会有一颗新的痘痘冒出来：左脸下方、下颌上、靠近耳朵的地方、鼻子中间、头发盖住眉毛的地方、两眼正中。我认为那是同一颗痘痘，从一处跑到另一处。”我说的是实情。如果有人对我说：“你有毛病吧？！”我将不得不回答他：“皮肤不太好。”

“我用一个强生公司（Johnson and Johnson）的棉球沾了一些强生公司的外用酒精，擦拭那颗痘痘。那气味很好闻。特别干净，特别清凉。在酒精挥发的当儿，我又开始想有关‘空无’的事。干干净净总是很好看的，总是很得体。空无一物是完美的——说到底，B，空无一物和一无所是正相反。”

“对我来说，什么也不想[1]几乎不可能。”B说。“就算

1 这里B说的“什么也不想”和上文沃霍尔的“开始想有关‘空无’的事”，原文都是think about nothing。在本章的数个段落里，沃霍尔都灵活使用了nothing所可能具有的几种意涵，而作为他的谈话对象的B则未必全然明了他在讲什么，B只是按照自己的理解将对话继续下去。在本书第12章“艺术”中，沃霍尔将和另外两个人再次谈论有关虚无（nothing）的问题。

我睡着的时候，都没法什么也不想。昨晚我做了我这辈子做过的最不好的梦。我是说，最恐怖的噩梦。我梦见自己在某个地方出席会议，我预订了一趟班机回家，但没人送我去机场。人们总是把我带到一栋房子里去，让我看一场慈善艺展。我不得不一边上楼梯一边看画。有个男人走在我前面，他不停地说：‘转过身！那儿你还没看呢！’我说：‘好的，先生！’那墙是曲面的，沿着旋转楼梯旋转而上，墙刷成了黄色，从下到上都是，而他说：‘想不到吧，墙就是画。’我说：‘哦。’之后我跟一个穿灰西装、拿公文包的男人离开了那里，他下楼到计时表那儿又往里投了十五分钱，但他的车不是车，是一个沙发，于是我知道**他**没法送我去任何地方。也就是在这个时候，我试着想叫一辆救护车停下来。最终我不得不又去了一次那场派对。另一个男人把我拖回去看画，他说：‘你还没有把所有的都看遍呢！’我说：‘我全都看过了。’他说：‘但你还没有看到楼下的男人给他的车投十五分钱。’我说：‘哈，那不是他的车，那是他的沙发。我坐沙发怎么能到得了机场？’他说：‘你没看到他从口袋里拿出一个黑色的记事本，在上面写上十五分钱吗？他说那是他出席过的最长的一次会议，出席就可以减税。那是艺术品，他的艺术作品——为他的沙发往计时器里投十五分钱。’随后我意识到自己没有钱可以支付预订的航班——我已经订了又取消四回了。于是我去了海边的一栋木板屋面的房子（shingled house），捡了一些贝壳。我想看看自己是不是能进到破了的贝壳里面，我试了试，A，我真的尝试了一番。我把头顶连着发夹一起都伸进去了，从贝壳的洞那儿伸了进去，我的一绺头发和我的发夹。我回到会议上，我说：‘可以请你在那个男人的沙发上安一个推进器吗？这样我就能去机场了。’”

这个 B 一定心里有事。不然怎么会做这样的梦？

“我昨晚也做了个可怕的噩梦。”我说。“我被带到一家诊所。我大概是参与了一个慈善组织，需要去鼓舞怪物——被严重毁容的人，生下来就没有鼻子的人，必须戴塑料面具因为面具底下什么都没有的人。那家诊所有一个负责人，他尽力向我解释这些人各自的问题还有他们的个人习惯，我就那么站在那儿，不得不听他讲，然而我只希望他能停下来。之后我醒过来，我心想：‘请一定一定让我梦到点儿别的。我这就翻个身，想点儿我能想的其他事情。’我翻了个身，睡着了，而那个噩梦又回来了！太可怕了。

“B，关键是什么也不要想。你看，一无所是（nothing）是令人激动的，一无所是是很有趣致的，一无所是是并不令人感到尴尬的。[1] 我唯一想要是个什么人物的时候，是我在派对外面的时候，因为那样我就能进去参加派对了。”

1　在这句话里，沃霍尔是在“being nobody”的意义上使用“nothing”这个词的。“一无所是”（nothing）和下面一句话里的“是个什么人物”（be something）互文，如果要将意思译得更加显豁一些，可以译为：做个无足轻重的人是令人激动的，做个无足轻重的人是很有趣致的，做个无足轻重的人是并不令人感到尴尬的。

“五场派对里得有三场都很无聊，A。我总会让我的车早点儿来，这样如果派对令人失望，我就可以早早离开。”

我本可以在这时跟她说，如果有什么令人失望的话，那一定不是你不在意的事，因为你不在意的事是不会令人失望的。

“当酒精挥发完，”我说，“我就准备好涂治疗痘痘的药膏了。那款药膏说是肉色的，但我还没见过哪个大活人的肉是那个色的呢，尽管它倒是和我的肤色相当接近。”

“我用棉签涂药。”B说。“你知道，用棉签掏耳朵是能让我燃起欲火的一件事。我爱掏耳朵。我真的会为掏出一块儿耳屎而特别激动。”

“知道了，B，知道了。说回我的痘痘，它现在已经隐身于药膏之下了。但我自己是否也有了藏身之所呢？我必须照照镜子，找些线索。没有缺失的东西，一切全都在呢。缺乏感情的目光，四散流布的优雅……”

“什么？”

“无聊的倦怠，憔悴的苍白……”

“你说什么？”

“别致的古怪，基本上是被动的惊奇，令人着迷的隐秘知识……”

“这都什么跟什么啊？？”

“廉价的欢乐，给人以启迪的向性（tropisms）[1]，苍白的、恶作剧似的面具，微微带有斯拉夫特征的面容[2]……”

“微微带有……”

“孩子般的、嚼着口香糖的天真，根植于绝望的魅力，自我感觉良好的漫不经心，完美的与众不同，柔弱缥缈，阴暗的、窥探他人隐私的、带有些许邪恶的气场，苍白的、语声轻柔的、神奇的存在，极为瘦削的身躯……”

“稍等，等我一下，我要去尿尿。”

“白化病一般的白垩色的皮肤，好像羊皮纸，又如爬行动物，几乎泛着青色的光……”

“别说了！我要尿尿！”

“骨节突出的膝盖，地图般的伤疤，细长瘦弱的胳膊是那样地白，有如被漂洗了一般，引人注目的双手，小小的眼睛，香蕉耳朵……”

“香蕉耳朵？噢，A！！！”

“发灰的双唇；乱蓬蓬的银白色头发，柔软又带有金属光泽；喉结周围的颈部肌肉线条突出。全都在呢，B，没有缺失的东西。我就如我的剪贴簿上描述的我一般，一模一样。”

“**现在**我能去尿尿了吗，A？只要一小会儿就好。”

1　向性是一种生物学现象，指生物体——通常为植物——在环境刺激下的定向运动反应。例如，一般植物的根是向地心方向生长的（正向地性），而茎则背地心方向生长（负向地性）。

2　安迪·沃霍尔的父母为斯洛伐克移民。

“你先告诉我，我的喉结是特别大吗，B？”

“它简直就是一个大肿块儿，吃点儿润喉糖吧你。”

B撒完尿回来，我们开始比较起化妆技术来。我不怎么用化妆品，但我会买，而且我经常会想化妆品的事儿。化妆品的广告铺天盖地，你没法完全忽视它。B就她的“乳霜”说起来没完没了，我问她：“你不喜欢让人射在你的脸上，是吗？”

“那能让皮肤重现青春的光彩吗？”

“难道你没听说有些女人会带着小年轻上电影院给他们打飞机，这样她们就可以把精液涂个满脸吗？”

“她们会像面霜那样按摩到完全吸收吗？”

“是的。这可以起到提拉、紧致肌肤的作用，让她们在当天晚上看起来更年轻。”

“有这回事儿？好吧，我是用我自己的乳霜。这样更好，因为我可以在当晚出门前，在家就把一切准备好。我会刮腋毛、喷止汗剂、涂面霜，做完这些我就为晚上做好了准备。”

“我不刮毛，我也不出汗，我甚至不拉屎。”我说。我想看看B会怎么说。

“那你一定一肚子屎，哈哈哈。”

“在我对着镜子检查过之后，我穿上我的BVD[1]。裸体会威胁我的存在。”

1 指BVD牌的内裤。

“不会威胁我的。”B说。“我现在就全裸站在电话机旁，看着我乳房上的生长纹呢。现在我看着体侧因胸骨脓肿而留下的疤痕。现在我看着我六岁时在花园里跌倒，留在腿上的伤疤。”

“那**我的**伤疤呢？”

“**你的**伤疤？”B说。“我给你讲讲你的伤疤。我以为你制作《弗兰肯斯坦》（*Frankenstein*）是为了能在广告里用上你的伤疤呢——让你的伤疤也为你工作。我是说，为什么不呢？它们是你所拥有的最棒的东西，因为它们是某种证明。我一直都觉得有证明是件好事儿。”

“它们证明了什么呢？”

“证明你被人开枪打了。[1]你经历了一生中最高的高潮。”

“发生了什么？”

“一切发生得太快了，就像闪电一样。”

“发生了**什么**？”

“你还记得吗，你在医院时修女看到了没有翅膀的你，当时的你是有多尴尬？另外你重新开始收集东西了。修女让你重新对集邮产生了兴趣，如你儿时一般。她们还让你对收集硬币也重新感到兴味。”

“但你还没跟我说发生了什么呢。”我希望B能清楚地讲给我。如果由他人讲述这件事，而由我来听，我听到他的讲述，我思考，也许事情就是真实发生的了。

1 1968年6月3日，沃霍尔在他的工作室里被瓦莱丽·索拉纳斯（Valerie Solanas）开枪击中，重伤入院。

“你就那么躺在那儿，比利·内姆（Billy Name）[1] 站在你边上哭。你不停和他说不要逗你笑因为真的很疼。”

“然后呢……？然后呢……？”

“你在重症监护病房里，收到了包括我在内的许多人送来的卡片和礼物，但你不让我来探望你，因为你觉得我会偷你的药。你还说，你觉得离死如此接近真的就和离生特别接近一般，因为生命也只是虚无。”

“没错，是这样，但这一切是怎么发生的呢？”

“剪灭男人社（Society for Cutting Up Men）的创办人希望你能以她写的一个剧本摄制一部电影，而你对此不感兴趣，于是她就在一天下午到你的工作室来了。当时很多人都在，而你在讲电话。你对她并不是很了解，她一走出电梯就开始开枪。你的母亲非常难过。你以为她会伤心而死。你的兄弟很了不起，就是做牧师的那个。他到你的病房来，教你怎样做半针绣（needlepoint），是我事先在大厅里教的他！”

所以我就是这样被人开枪打了的？

不知是什么缘故，想到 B 和我一起做半针绣……“化妆之外，衣装成就一个人。”我说。“我崇尚制服。”

“我爱制服！因为如果一个人一无所是的话，衣装也绝对不会成就他。还是永远都穿一样的比较好，这样就可

1　比利·内姆（1940—2016）是沃霍尔圈子里的重要一员，他在 1960 年代负责“工厂”——沃霍尔的工作室——的档案工作，而他为工厂拍摄的大量照片如今是研究沃霍尔的重要档案；在《波普主义》中沃霍尔对他有很多记述。

以知道人们喜欢的是真正的你，而非你的衣装所成就的你。而且不管怎么说，比起看一个人穿什么来，看到他住的地方是更令人兴奋的事。我是说，看到他们的衣服挂在他们的椅子上比看到他们的衣服穿在他们身上要更好。每个人都应该把他们所有的衣服都挂出来。没什么是应该藏起来的，除了那些你不希望你的母亲看到的东西。这也是我怕死的唯一理由。”

“什么意思？”

“因为要是我死了，我妈就会过来，发现我的震动棒，还有我在日记里写她的那些东西。”

“我还崇尚牛仔裤。”

“李维斯（Levi Strauss）[1]的牛仔裤是迄今为止所有人设计的所有裤子里剪裁最好、最漂亮的。没有人能超越由他们开创的牛仔裤。他们的牛仔裤不能买旧的，你必须买新的，然后自己把它穿旧，让它合你的身，这样看起来才能有那种效果。而且他们的牛仔裤也不能通过漂白或者什么的来特意做旧。你知道那个小兜儿吧？裤子上有那么小小的一个兜儿简直匪夷所思，好像是为了给你装二十美元的金币似的。”

“法国的牛仔裤怎么样？”

“不行，美国的是最好的。李维斯的，带那种小铜扣，

1　李维斯的品牌名也正是创始人李维·施特劳斯（Levi Strauss）的名字，这里采用品牌官方中译名李维斯，下文沃霍尔说这场关于牛仔裤的交谈让他对李维·施特劳斯十分嫉妒，则按原文来译。

还有晚上穿的带铆钉的。”

“你怎么让牛仔裤保持干净呢，B？”

“洗啊。”

“你会熨牛仔裤吗？”

“不会，我用衣物柔顺剂。只有一个人会熨牛仔裤：杰拉尔多·里韦拉（Geraldo Rivera）[1]。”

这场关于牛仔裤的谈话让我十分嫉妒，嫉妒李维，也嫉妒施特劳斯。我希望自己也能发明出像牛仔裤一样的东西。一个能被人记住的东西。一个可以批量化生产的东西。

“我希望死时穿着牛仔裤。”我听到自己这样说。

“噢，A，”B冲动地说，“你应该当总统！如果你当上了总统，你会找个人替你当总统，对不对？”

“当然。”

“你当总统太合适了。你会把所有事情都拍下来。你会有一档晚间谈话节目——属于身为总统的你的一档谈话节目。这节目你会让其他人来做，让那个替你当总统的总统来，拿着你的日记读给大家听，每晚半小时——‘总统今天做了什么’，这之后再播新闻。这样就不会有人抨击总统什么事儿也不做或者说他不干正事儿了。每天他都要告诉我们他做了什么，有没有跟他妻子做爱……你必须提及你和你的狗阿奇（Archie）玩儿来着——阿奇这个名字

1 杰拉尔多·里韦拉（1943— ），律师出身，后转做电视记者和谈话节目主持人。

很适合总统的宠物——还要谈谈哪些法案是你不得不签署的以及你为什么不想签，再就是讲讲在你看来，国会里谁是烂人……你要告诉我们当天你打了多少长途电话。你要告诉我们你在私人餐室里吃了什么，而且你还要在电视机前展示收据，表明你为自己的私人餐食买了单。你的内阁将由不是政客的人组成。罗伯特·斯卡尔（Robert Scull）[1]将掌管经济事务，因为他懂得怎样早早地买入再高价卖出。你将不会留任何政客在身边。你将会有很多行程，你会把它们都拍下来。之后你会在电视上播出你会见外国政要的场面。如果你写信给国会的任何一个人，你会把信复印下来，寄给每一家报纸。

“你将是一位好总统。你不会太占地方，你将有一间小小的办公室，就像你现在的那间一样。你会修改法律，这样你就可以将任何人在你任期中送给你的任何东西收下了，因为你是个无所不收的收藏家。你还将是第一位未婚的总统。而到了最后，你将闻名天下，因为你会写一本书——《我是如何一点儿力气都不花地治国的》。如果这书名听起来不太对劲儿，那就叫《我是如何在您的帮助下治国的》，这样可能会更好卖一些。想想吧，如果你现在就是总统，那就没有第一夫人（First Lady）了，只有第一男人（First Man）。

“你在白宫将不会有住家女佣。会由一位 B 每天早点

1　罗伯特·斯卡尔（1917—1985）是最早开始大量购藏波普艺术的收藏家，所以 B 这里说“他懂得怎样早早地买入再高价卖出”。

儿过来打扫卫生。之后其他的B会成行成列地来华盛顿见你，就像他们成行成列地来工厂[1]见你一样。白宫和工厂还真是像，全都是防弹的。访客将必须通过你的发型师才能见你，而你不论去哪儿都会带着你的贴身发型师。你没看到她穿着她的充气夹克，随时都做好了开战的准备吗？你没有意识到吗，根本就没有你当不成美国总统的理由！你认识所有可以帮你入主白宫的权贵，所有上流社会的人物，所有的有钱人，而这也就是一个想当总统的人所需要的全部了。我不明白为什么你不立马宣布参加竞选。你宣布参选，人们就会知道你并非只是个天大的笑话。我希望你每次照镜子的时候都能对自己说：'政治：华盛顿特区。'我的意思是，别再和罗斯柴尔德家族的人瞎玩儿了，忘掉坐劳斯莱斯去蒙托克（Montauk）的长途旅行吧，想想搭直升飞机去戴维营（Camp David）。那是怎样的一处度假营地啊，而你将会拥有它。你意识到自己入主白宫的机遇了吗？A，自打我认识你的那天起，你就一直对政治很感兴趣。你以政治的方式做每一件事。政治可以是做一张海报，上面是尼克松（Nixon）的脸，而配的文字是'投麦戈文（McGovern）一票'[2]。"

"这件作品想要表达的是你可以随便投给谁。"

"也就是说，如果你在海报上放上贾斯珀·约翰斯

1 沃霍尔的工作室名为"工厂"（Factory）。

2 这里在描述沃霍尔1972年的作品《投麦戈文一票》（*Vote McGovern*）。

（Jasper Johns）[1] 的脸，我还是可以投给安迪·沃霍尔。”

“当然。”

“所以从现在开始，是‘支持安迪·沃霍尔’的时候了。”

“好啊，写在选票上 [2]。”

“我们可以从头开始重建这个国家。我们可以把印第安人都弄回到保留地，让他们生产毯子、搜寻绿松石。我们可以把罗滕·丽塔（Rotten Rita）和昂迪恩（Ondine）[3] 送到西部去淘金。你能想象蓝室（Blue Room）[4] 墙上挂满《金宝浓汤罐头》的画面吗？金宝浓汤罐头、伊丽莎白·泰勒和玛丽莲·梦露 [5]，这些才是外国元首应该看的东西。这些就是美国。这些是白宫里应该放的东西。你将请来客吃多莉·麦迪逊的冰激凌 [6]。A，你该以别人看你的方式看看你自己。”

---

1 贾斯珀·约翰斯（1930— ），美国现代艺术家，最著名的作品是《美国国旗》（*Flag*），他有时亦被归类为波普艺术家。他和同为现代艺术家的罗伯特·劳申贝格（Robert Rauschenberg）是长期的同性伴侣，他们两人和沃霍尔的关系算不上好，用沃霍尔自己在《波普主义》中的话说就是“每次我见到他们，他们都当我不存在”。

2 “写在选票上”的原文是 write it in，指通过在选票上写上不在原定候选名单上的人的名字，把票投给他。

3 罗滕·丽塔和昂迪恩都是沃霍尔工厂的常客，是他们圈子里的成员。沃霍尔在后文中谈到（在《波普主义》中谈得更详细），他的文学作品《a: 一部小说》（*a: A Novel*），其内容不过是誊录自他用录音机录下来的昂迪恩的一日生活。

4 白宫一楼三间会客室中的一间。

5 指沃霍尔以三者为题材所做的波普艺术创作。

6 多莉·麦迪逊（Dolly Madison）这一冰激凌品牌名取自美国第四任总统詹姆斯·麦迪逊（James Madison）夫人多利·麦迪逊（Dolley Madison），而拼写略有不同。在詹姆斯·麦迪逊担任国务卿的岁月里，麦迪逊夫人即以招待宾客闻名；而在她待客的饮食里，就有冰激凌这个在当时尚属新鲜事物的甜品。

“你是说做总统？”

“噢，那将会很美好，在冬日里你戴着那顶棕色的帽子，而阿奇则待在你的办公室里，趴在你的大衣上。”

“嗯……你要是这么说……”

“想象一下你在早上做的所有那些事情——比如拿掉你的翅膀——不过是在白宫里做这一切。”

“哎呦，快算了吧。我们讲了太久的电话，我都还没有拿掉我的翅膀呢。”

“把它们冲进下水道。”

“好的。”

“A，如果你没能当上总统的话，你可以做一位海关官员。”

“什么？为什么？”

“还记得你在海关被搜查的那次吧。你旅行包里装了一大堆糖果、曲奇和口香糖。人家哈哈大笑。你过去除了甜食什么也不吃。你真的是我认识的所有人里最爱吃甜食的人了。现在你胆囊出了毛病，每顿饭前都不得不吞下那些白色的大药片儿。我一直都让你与甜食一刀两断来着。”

“我得去染发了。我今天还没染呢。”

“你花太多的时间在家里改动你头发、睫毛还有眉毛的颜色了。我们讲电话的时候，我总是能听到某个B在背景里大喊‘我要把克莱罗（Clairol）7号扔掉！[1]’我倒

1　克莱罗是生产染发和护发产品的著名品牌。

不觉得你应该把你那些染发剂扔掉，但我认为你应该把两只眉毛染成同样的颜色。当你待在家里不来工厂的时候，我会认为是由于你的假发被送去干洗或者染色了。那顶假发的后部总是一个样子，蓬蓬的，我老想把它拍瘪。有时我想把你的假发扯下来，但是不知怎的我就是下不去手。我知道那样做会给你带来怎样的伤害。”

“拜，B。”

1

爱（青春期）

A: 我喜欢你的公寓。

B: 它是挺不错的，不过大小仅够一个人——或者两个非常亲密的人。

A: 你见过非常亲密的两个人吗？

在我人生的某个时刻，那是五十年代后期，我开始注意到自己在从认识的人那里染上他们的问题。我有个朋友，和一位有夫之妇过从甚密、难解难分；另一个向我吐露了他同性恋的身份；而我很喜欢的一个女人，精神分裂的征兆越来越明显。此前我从未觉得自己有什么问题，因为我从来没有特地去明确过，但这会儿我觉得我朋友的这些问题正在如病菌般地散布到我身上。

我决定去看精神科，我认识的很多人都在看精神科。我觉得我应该明确一些属于我自己的问题——如果我确有什么问题的话——而不是这样亲力亲为地分担我朋友的这些问题。

我还是个孩子的时候，有过三次精神崩溃，每次间隔一年。第一次崩溃时我八岁，第二次九岁，十岁时又有过一次。每次发病——圣维特舞蹈病（St. Vitus Dance）[1]——都是在暑假的第一天，我不知道这意味着什么。整个夏天

1 通常表现为急速、不协调的脸部和手脚的抽动。

我会听着收音机度过，躺在床上，和我的查利·麦卡锡（Charlie McCarthy）玩偶[1]一起，还有遍布床单上和枕头下的那些没有剪下来制作的纸娃娃。

我的父亲经常不在家，他要到各地的煤矿去出差，所以我不常能看到他。我的母亲会尽其所能地用英语念书给我听——她的英语有着浓厚的捷克斯洛伐克口音——每次她念完迪克·特雷西（Dick Tracy）[2]的故事我都会向她道谢，哪怕我一个字也没听懂。而每当我给涂色书中的一页上好色，她都会给我一块好时巧克力。

当我回想我的高中岁月，说真的，我能想起来的就只有上学时走的那条长长的路。那是在宾夕法尼亚州的麦基斯波特市（McKeesport），我穿过捷克移民聚居区，各家各户的晾衣绳上挂着头巾和工装背带裤。我并非人缘特别好的孩子，但也有些不错的朋友。不过我和谁都没有很亲近，虽然我大概也想有亲近的朋友来着，因为我还记得当我看到其他孩子将困扰自己的问题讲给彼此听的时候，我感到受了冷落。没人向我倾吐秘密，我想我不是他们想要对之倾吐的那类人。每天我们都会经过一座桥，桥下是用

1　查利·麦卡锡是埃德加·伯根（Edgar Bergen，1903—1978）表演腹语时的木偶搭档。他的人设是一个淘气的小男孩儿，爱说俏皮话，胡作非为，喜和姑娘调情说笑。最终，他的知名度超过了他的操纵人埃德加·伯根。

2　迪克·特雷西是漫画家切斯特·古尔德（Chester Gould，1900—1985）创作的一位智勇双全的警探。特雷西首次亮相是在1931年的《底特律镜报》（*Detroit Mirror*），其后古尔德持续进行《迪克·特雷西》的漫画创作直到1977年，之后由其他创作者接手。迪克·特雷西的故事曾改编为多部电影、电视、动画，在流行文化中有着广泛的影响。

过的安全套。我会问这都是些什么东西啊，而他们则会大笑起来。

有年夏天我找到份工作，在一家百货商场为一位名叫沃尔默（Vollmer）的先生翻看《时尚》（*Vogue*）[1]、《时尚芭莎》（*Harper's Bazaar*）和一些欧洲的时装杂志。给我的时薪大概是五十美分，我的工作则是从杂志里寻找“点子”。我不记得是不是找到了或是想出了什么点子。沃尔默先生对我来说是偶像一般的存在，因为他从纽约来，而单是这一点就令我心潮澎湃。不过我倒是没太想过自己哪天也要去纽约。

但是我十八岁时，一位朋友把我塞进克罗格（Kroger）[2]的购物袋里带我去了纽约。那会儿我仍然想要和人们亲近。我一直选择和人合租，想着可以和室友变成好友、分担彼此的问题，但到头来我发现他们感兴趣的只是找个人分担房租而已。有一阵，我在位于第一〇三街和曼哈顿大道交汇处的一间地下公寓里和十七个人同住，十七个人里没有一个曾跟我分享过真正困扰他们的问题。而且他们还都是很有创造力的孩子——那里有点儿像是个艺术公社——所以我知道他们一定有很多的问题，但从来没有人跟我讲过。当然，厨房里常发生争吵，类似谁吃了谁的萨拉米这种，但这很难说是真正的问题。那时候我的工作非

1　这里刊名直译，而没有用中文版名《Vogue 服饰与美容》。

2　成立于 1883 年的美国零售企业。至 2019 财年，以营收计，克罗格是全美最大的超市和第二大的一般零售商（仅次于沃尔玛）。

常忙，所以我猜即使他们谁要跟我讲他们的问题，我恐怕也没有时间听，但即便如此我仍然觉得受到了冷落和伤害。

白天里我会四处奔忙找寻可以做的活计，晚上回家开工画画。这就是我在五十年代的生活：画贺卡和水彩，时不时参加一场咖啡馆读诗会。

那段日子让我印象最深的，除去长时间的工作以外，就是蟑螂了。我住过的每一栋公寓都满是蟑螂。我永远也忘不了带着自己的作品集去《时尚芭莎》卡梅尔·斯诺（Carmel Snow）的办公室拜会她时所蒙受的羞辱：我打开作品集，一只蟑螂爬出来，沿着桌腿爬走了。她很为我感到难过，所以给了我一份工作。

说回我有特别多的室友这件事。直到今天，在纽约，我外出的几乎每一个夜晚都会碰到曾跟我一起合租的人，而无一例外他们都会跟我的约会对象说："我过去跟安迪同住。"听他们这么一说，我的脸立马就白了——我是说，更白了。这样的状况发生过几次之后，我的约会对象疑惑了，他们想不通我怎么可能和那么多人都一起住过，特别是他们只认识如今这个独来独往的我。我知道有些人把我想象成六十年代媒体口中的派对狂人，按惯例总是带着至少六位"随员"去派对；我明白他们听到我声称自己"独来独往"时，会觉得我太不像话了。所以让我解释一下为什么我真是这个意思，而我说的也确是实情。在我感到最想与人交往、想要得到暖心的友谊的人生时刻，我找不到愿意接纳我的人，所以在我最不想一个人的时候，我却是孤身一人；而当我拿定主意，打算就此孤身一人、不要有任何人来和我讲他们的问题之时，每一个甚至我此前见都没见过的人全都开始追着我，要告诉我那些我已然决定最好不去听的事。这边我才在心里决意做个独来独往的人，那边我就获得了一批可称之为“追随者”的人。

一旦你停止想要什么，你就会得到它。我发现这是绝对的真理。

因为我觉得自己在染上朋友们的问题，所以我去格林威治村看精神科医师，跟他讲了关于我自己的一切。我和他讲了我的人生故事，讲了我没有属于我自己的问题而又是如何正在染上朋友们的问题，他听了说他会打电话给我约下一次的时间，这样我们可以再多聊一些，然而他却没有再联系过我。现在想起这件事，我觉得他说会打电话给我然而却没打是非常不专业的。从他那儿回来的路上，我顺便去了趟梅西百货（Macy's），临时起意买了我人生中第一台电视机，一台 RCA 的十九英寸黑白电视机。我把电视机拿回我一个人住的公寓——公寓位于东七十五街，高架铁路从旁穿行而过——立马就把精神科医师忘到了脑后。我会一直开着电视，特别是当有人跟我讲他们的问题的时候，我发现电视可以分散我的注意力，这样人们讲给我的那些问题就不再能真的影响到我了。这就像是某种魔法一般。

我的公寓在雪莉的性感女郎酒吧（Shirley's Pin-Up Bar）

的上面，那家酒吧是个梅布尔·默瑟（Mabel Mercer）[1]会屈尊前来唱一曲《你真可爱》（“You're So Adorable”）的地方。电视也改变了我和公寓的关系。那是个没有电梯的五层楼，而起初我租的公寓在五楼；后来二楼空出来的时候，我把它也租了下来，这样我就拥有了两层楼，尽管并非连续的两层。有了电视以后，我开始越来越多地待在有电视的那一层。

在我决意独来独往之后的那些年，我变得越来越受欢迎，也开始有越来越多的朋友。事业上的进展也很不错。我有了一间自己的工作室和一些为我工作的人，后来发展到他们直接住在了我的工作室里。那时候，所有的事情都还很松散，都是可以商量的。工作室的人开始白天黑夜都待在那儿，此外还有他们的朋友和朋友的朋友。唱机上总是放着玛丽亚·卡拉斯（Maria Callas）[2]，屋里有许许多多的镜子和许多许多的锡箔。

那时我已经发表了我的波普艺术宣言了，所以我有很多工作要做，很多画布要绷。通常我从早上十点工作到晚上十点，回家睡觉，第二天早上再来。但是当我早上回来的时候，我晚上走时就在那儿的同一帮人还在那儿，依旧精力充沛、容光焕发，依旧伴着玛丽亚和镜子。

1　梅布尔·默瑟（1900—1984），生于英国的卡巴莱（cabaret）歌手，二战爆发后赴美，1983年被授予总统自由勋章。总统里根在颁奖章给她时说她是“歌者的歌者”，“美国歌曲艺术性的明证”。

2　玛丽亚·卡拉斯（1923—1977），美国出生的希腊女高音，二十世纪最著名、最有影响力的歌剧演唱家之一。

我就是在这个时期开始意识到人们可以有多疯狂的。比如有一个女孩儿搬进了电梯一住就是一周，直到人家拒绝再给她带可乐时她才出来。我不知道该怎么理解当时的整个场面。因为是我在付工作室的房租，所以我想那整个地方都可以说是**我的**，但是不要问我事情究竟是怎么回事儿，因为我从来没有弄清楚过。

工作室的地点棒极了：四十七街和第三大道。我们总是能看到前往联合国去参加集会的示威者。有一次，教皇在去圣帕特里克大教堂（St. Patrick's）的时候从四十七街上经过。赫鲁晓夫（Khrushchev）也从这条街上走过。这是条美好而宽阔的大街。名人开始造访我的工作室，我猜是来窥看正在进行中的派对：凯鲁亚克（Kerouac）[1]、金斯伯格（Ginsberg）[2]、方达（Fonda）和霍珀（Hopper）[3]、巴尼特·纽曼（Barnett Newman）[4]、朱迪·加兰（Judy Garland）[5]，

---

1 杰克·凯鲁亚克（Jack Kerouac，1922—1969），美国作家，"垮掉一代"的代表人物，作品有《在路上》等。

2 艾伦·金斯伯格（Allen Ginsberg，1926—1997），美国诗人，"垮掉一代"的代表人物，作品有长诗《嚎叫》等。

3 指彼得·方达（Peter Fonda，1940—2019）和丹尼斯·霍珀（Dennis Hopper，1936—2010），两人是1969年的电影《逍遥骑士》（*Easy Rider*）的编剧和演员（电影另有一位编剧特里·萨瑟恩[Terry Southern]）。同时，方达是这部电影的制片人，而霍珀是导演。沃霍尔在《波普主义》中谈到他们在彼得·方达的房子里看了《逍遥骑士》的粗剪版后的印象："看到像彼得和丹尼斯这样的年轻孩子用自己的方式塑造出了新的青春形象是件令人兴奋的事"，在沃霍尔看来，这部电影既运用了好莱坞的手法，又从地下电影中汲取了养分。

4 巴尼特·纽曼（1905—1970），美国艺术家，抽象表现主义的重要人物。

5 朱迪·加兰（1922—1969），美国女演员、歌手和舞者，以出演《绿野仙踪》（1939）多萝西一角而广为人知，她也是第一位获得格莱美年度专辑奖的女性歌手。

还有滚石乐队的人（the Rolling Stones）。地下丝绒（the Velvet Under-ground）已经开始在敞间（loft）里排练了，不久之后的1963年，我们得到了一次混合媒体（mixed-media）的巡演机会，开始横跨美国的行程。似乎所有的事情都是在那时兴起的。

反文化、亚文化、波普、超级明星（superstars）[1]、药[2]、灯光、迪斯科——所有我们认为"年轻入时"的东西——大概都是那会儿开始的。总会有某个地方在开派对：如果地下室没有，那么天台上会有；如果地铁里没有，那么公车上会有；如果船上没有，自由女神像里会有。人们总是在盛装出席派对。《所有明日的派对》（All Tomorrow's Parties）是地下丝绒在"斯坦利之家"（the Dom）常演的一首歌，那会儿下东区正开始摆脱它的移民色彩，变得时

1　依下文沃霍尔的记述，超级明星（superstar）这一讲法是他们圈子里的一个女孩儿发明的。虽然后来superstar这个词被泛化使用，一个明星只要足够红、足够有影响力都可以叫superstar，但在沃霍尔的使用中，superstar指他们圈子里的一些有着自己独特气质的人物。因此本书将superstar译作"超级明星"，而不译作泛化使用、一般意义上的"超级巨星"。

2　沃霍尔这里谈到的drugs不能简单视作或译为"毒品"，它既包括在当时即被视为毒品的药物，也包括对神经系统具有兴奋作用或者抑制作用的其他合法药物。比如沃霍尔在《波普主义》中谈到，这一时期许多减肥药中都含有安非他明这种可以让中枢神经系统兴奋的药物，于是"这就构成了安非他明在上流社会的女人间和在街头混子中都同样流行的一个原因。而且这些上流社会的女人还会把药丸儿分发给全家：给她们的儿女来帮他们减重，给她们的老公来帮他们更加勤力地工作或在外待到更晚。来自不同阶层的许许多多的人都在用安非他明，而且尽管这听起来古怪，但我还是认为这里面有很大的原因是由于新时尚——所有人都想要保持苗条以及大晚上能保持清醒以便去所有那些新开的夜店炫耀他们的新装"。药物滥用和药物依赖在当时和如今的美国都是广泛存在的社会问题。

髦起来。“那个贫穷的女孩儿要穿上怎样的盛装 / 去参加所有明日的派对。”我真是喜欢这首歌。地下丝绒演奏，妮可（Nico）演唱。

那时的一切都浮华夸张。你得有钱才能买得起“装备”（Paraphernalia）这类潮流小店或是泰格·莫尔斯（Tiger Morse）那样的设计师售卖的时装。泰格会上克莱因（Klein's）[1] 或者梅斯（Mays）[2] 这种地方买两美元一件的连衣裙，扯掉上面的蝴蝶结和花，拿到她的店里去卖四百美元一件。她对于饰品也很有办法。她会拿个古怪又傻气的玩意儿粘在从伍尔沃思（Woolworth's）[3] 买来的东西上，然后索价五十美元。她有着出奇的天分，看得出到她店里来的人，谁是会真的买她的东西的。有一次我亲眼看到她对一位衣着讲究、长得也好的姑娘只一瞥就说：“实在抱歉，这里没什么你能买的。”谁会买、谁不会买，她总能看得出来。她会买任何闪烁耀眼的东西。就是她发明了电子灯连衣裙，自带电池的那种。

在六十年代，所有人对所有人都有兴趣。药起了些作用。忽然间所有人都平等了——社交名媛和私人司机，餐馆女服务员和政要。我有个从新泽西来的朋友名叫英格丽

1　指 S. 克莱因（S. Klein）百货商场，其旗舰店位于曼哈顿联合广场东（Union Square East）。它比梅西百货等传统百货商场更便宜，但同时比一般的折扣百货商场如 E. J. 克威特（E. J. Korvettes）的选品更时尚。

2　梅斯是一家折扣百货商场。

3　伍尔沃思在美国开十元店（five and dime）先河，是一家售卖平价商品的连锁百货商场。

德（Ingrid），她为自己取了个新的姓氏，这对她才起步、尚未特别明确的演艺事业来说刚刚好。她管自己叫英格丽德·超级明星（Ingrid Superstar）。我很肯定是英格丽德发明了“超级明星”这个讲法。或者我们这么讲吧，要是谁手里有比英格丽德还早的“超级明星”的剪报，我倒是想看一看。以我所知，我们去的派对越多，报上出现她名字——英格丽德·超级明星——的报道也就越多，而“超级明星”这一讲法就此在媒体上传播开来。英格丽德几周前给我打了个电话。她如今在做裁缝。但她的名号还是叫得响。相当不可思议，不是吗？

在六十年代，所有人对所有人都有兴趣。

在七十年代，所有人开始丢弃所有人。

六十年代纷乱无章。

七十年代空空荡荡。

当我有了第一台电视机，我就不再特别在乎拥有和他人的亲密关系了。我曾被伤得很深，一个人要很在乎才会被伤得那样深。所以我猜我确实很在乎来着，在那尚无人听说过“波普艺术”、“地下电影”又或是“超级明星”的年月里。

所以在五十年代，我开始和我的电视机有了私情，这关系持续至今，发展到我在睡房内会一次和多达四台电视共同取乐。但我一直没有结婚，直到 1964 年我得到我的第一台录音机为止。录音机，我的妻。我的录音机如今和我已经共度了十年的婚后时光。当我说“我们”的时候，我的意思是我和我的录音机。许多人不明白这一点。

得到我的录音机真可谓终结了我所可能会有的情感生活，但我乐得如此。再也没有什么构成人生困扰的问题了，因为一个问题不过意味着一盘好的录音带，而当一个问题转化为一盘好的录音带的时候，它就不再成其为问题了。而一个有趣的问题就是一盘有趣的录音带，所有人都清楚地知道这一点，都在为录音而表演。你分不出哪些问题是真的，哪些是为了录音而夸张出来的。这甚至更好。跟你讲他们的问题的人不再能够确定他们是真的有问题呢，抑或不过是在表演。

我觉得在六十年代，人们忘记了感情究竟意味着什么。而且我也不认为他们后来想起来过。我觉得一旦你从某个特定的角度审视过感情，你就不再能够认为它们是真实的了。至少某种程度上，这是发生在我身上的情况。

我不很确定自己是否曾经有过“爱”的能力，但六十年代以后，我从未再以“爱”来考虑过问题。

然而，你可以说我对一些人**着了迷**。在六十年代，有一个人比此前我认识的任何人都更令我着迷。而我经历的那种迷恋，大概非常接近于某种爱恋。

2

爱（盛年）

A：我们走着去吧？今天天气很不错。

B：不。

A：好吧。

出租车（Taxi）来自南卡罗来纳的查尔斯顿。她是一位初入社交圈的富家女，年轻、漂亮，有着对人生的困惑，刚刚与家庭断绝了关系，来到纽约。她有着令人动容的空虚和柔弱，这让她可以映照出每个人内心深处的隐秘幻想。出租车可以是任何你想要她是的样子——小女孩儿或者女人，聪明伶俐又或是笨，富家女或者贫家女——任何你想要的样子。她是美妙的空白，是终结所有神秘的神秘。

她总是克制不住地撒谎，她就是无法就任何事情讲真话。出色的演员啊。她可以啪嗒啪嗒地落泪。她不知怎的总是可以让你相信她——她以此得到她想要的。

出租车发明了迷你裙。那会儿她要向她查尔斯顿的家人证明，没钱她也可以生活，所以她会去下东区买最便宜的衣服——刚好最便宜的衣服就是小女孩儿穿的裙子，而她的腰足够细，能够穿得下。裙子五十美分一条。她是第一个将芭蕾舞袜裤作为日常穿搭的人，袜裤搭配大大的耳饰。她是个革新者——出于乐趣，也出于必需——而大牌时尚杂志立马学起了她的衣装和容妆。她真是了不起。

我们经由一位共同的朋友介绍相识，这位朋友那会儿在电视问答节目上推广一款新型厨用电器发了财。只看了出租车一眼，我就看出她有的问题比我此前认识的任何人都多。她那么美，却又病得那么重。我实在是着了迷。

她那时就快花完她的钱了。她在萨顿地（Sutton Place）仍有一栋不错的公寓，另外她还会时不时地说动有钱的朋友给她一笔钱。我说过，她可以啪嗒啪嗒地掉眼泪，得到任何她想要的东西。

最初我不清楚出租车使用药物[1]的多少，但随着我们碰面越来越多，我开始意识到她的问题有多严重。

对她来讲仅次于使用药物的第二件大事是拥有它们——囤药。她会跳上一辆加长型豪华轿车，车驶向费城，而她就那么一路哭诉，说她没有安非他明了。最后她总是会得到它，因为她就是有这个本事。之后她会把要来的药收到她床脚的箱子里，放到最底层，和她藏在那儿的一磅药放在一起。

资助她的一位有钱的朋友甚至尝试过帮她在时装界立足，设计她自己的系列时装。他从一个蹩脚的设计师手里买下一处位于二十九街的敞间（loft），那位三流设计师刚在佛罗里达买下一套公寓，急着要离开纽约。这位资助她的朋友将整个敞间连同在那儿工作的七个女裁缝统统接手

1　这里的“使用药物”无法简单译为“嗑药”或“吸毒”，具体情况可参看前一章注释 2。

过来，出租车被请去负责设计。生意所需的一切都准备妥了，她要做的一切就只是拿出设计来，而这所谓的设计基本上也只要照着她为自己所做的穿搭描画下来就好。

结果她去了，给裁缝“打针”，拿瓶瓶罐罐里的珠子和纽扣出来玩儿，摆弄之前的经理留下来给墙面做装饰的布料镶边。生意，不用说，并没有做起来。出租车会花上大半天时间在上城的鲁本（Reuben's）吃午餐，她喜欢那里的名人三明治——安娜·玛丽亚·阿尔贝盖蒂（Anna Maria Alberghetti）[1]、阿瑟·戈弗雷（Arthur Godfrey）[2]、莫顿·唐尼（Morton Downey）[3]是她的最爱——她会不停地跑到洗手间把手指伸到嗓子眼儿，把每一个三明治都吐出来。她对于不长胖这件事极为在意。她会吃啊吃、放纵地吃，然后再吐啊吐，再之后，她会吞下四份镇静剂，就此昏死过去，一睡四天。与此同时，她的“朋友”会趁她睡着，过来“摆弄”她的手提包。当她四天后醒来时，她会拒绝承认睡着过。

起初我以为出租车只是囤药。我明白囤积是一种自私，但我以为她只是以这种方式来对待药物。她会向人们讨来够打一针的量，把它装进小信封、写好日期，然后收入她床脚的箱子里，在箱底整齐地码放好。但我最终意识到出租车无论对什么都是自私的。

1　安娜·玛丽亚·阿尔贝盖蒂（1936— ），美籍意大利人，女演员，女高音。

2　阿瑟·戈弗雷（1903—1983），电台和电视主播，艺人。

3　莫顿·唐尼（1901—1985），歌手，艺人。

一天，我和一位朋友去看她，那是在她还忙于她的时装设计的时候。天鹅绒和缎子的碎布头散落在地上，哪儿哪儿都是，我的朋友问她可不可以要上一块儿，大小刚好够给她的一本字典做封面的就行。地上有成百上千块儿碎布头，多得实际上都盖住了我们的脚，但出租车看着她，说："最好的时机是在早上。哪天早上过来吧，在门外的那些个桶里好好翻翻，大概会有所收获的。"

另一次我们坐出租，她哭着说自己没钱了，说她很穷，然后她打开手包拿纸巾，我碰巧看到一个那种用透明塑料做的零钱包，里面满满的都是钞票。当时我什么也没说。说了又能怎样呢？但是第二天我问她："昨天那个塞满了钞票的透明塑料零钱包怎么不见了？"她说："昨晚在迪斯科被人偷了。"她什么事儿都没法讲真话。

出租车还囤胸衣。她衣箱里有大约五十件胸衣，从深浅不同的米黄色，到浅粉色、玫红色和珊瑚色，还有白色。每一件都带着价签。她从不拿掉价签，甚至连穿的衣服也带着价签。一天，那位开口朝她要过碎布头的朋友手里缺钱，而出租车欠她钱。于是她决定拿一件还带着班德尔（Bendel's）[1] 价签的胸衣去店里退货。她趁出租车不注意时把胸衣塞进包里，拎着去了上城。她到了内衣部，解释说她来帮朋友退胸衣——这位姑娘显然远远不止 A 罩杯。导购离开了足有十分钟，然后拿着那件胸衣和一本工作日

1　亨利·班德尔（Henri Bendel），创建于 1895 年，主营女性服装饰品。

志式的东西回来了。她说："夫人，这件胸衣是1956年买走的。"出租车还真是能囤。

出租车的包里和床脚的箱子里有难以计数的化妆品：五十对假睫毛依照尺寸排列，五十支睫毛刷，二十块固体睫毛膏，露华浓（Revlon）出过的每一款眼影——偏光的和普通的，哑光的和珠光的，二十块蜜丝佛陀（Max Factor）的腮红……她会花上几个小时拿胶条给包里的东西贴小标签，给瓶瓶罐罐掸尘，把粉饼盒擦净。每件东西都必须完美。

但脖子以下，她不在乎。

她绝不泡澡。

我会说："出租车，去泡个澡。"我给她放好水，而她呢，会拿上包，走进浴室待上一个钟头。我会喊："你在浴缸里呢吗？""在呢，我在浴缸里呢。"然后就传来哗啦哗啦的水声。但我会听到她蹑手蹑脚地在浴室里走来走去，我从钥匙孔往里看，她站在镜子前，正往化妆品已经硬结的脸上涂更多的化妆品。她从不让脸沾着水；她只用卸妆油，还有那些又小又薄的、可以吸走油又不会破坏妆容的吸油纸。她用这些东西。

又过了几分钟，我再往钥匙孔里看时，她正在誊抄她的地址簿——又或者别人的地址簿，这都不重要。再不然，她就是正坐在那儿，往黄色横格纸上列清单，写下每一个和她上过床的男人——她把他们分成三类：睡过，操过，拥抱过。如果写到最后一行出了错而看上去有些脏乱的话，她会把一整页都撕掉，重新再写。一小时后她走出浴室，我会说——其实没必要说的——“你没泡澡”。“泡了，我泡澡了。”

有一次，我和出租车睡在了一张床上。某人那会儿在追她，她不想和他睡，所以就跑来隔壁爬上了我的床。她睡着了，而我无法把视线从她身上移开，因为我是如此地着迷却又恐惧。她一双手动来动去，它们睡不着，它们无法静静地待在那里。她总是在挠自己，指甲嵌进肉里、留下痕迹。睡了三个小时，她醒了，醒来就说她没睡着。

出租车和我们渐行渐远是在她和一位唱作人开始交往之后。那位唱作人我们得说是位“终极流行乐手”——而且大概要把一切时代都算在内——他那时正以极快的速度在大西洋两岸获得认可，被视作为有思想的人唱歌的猫王。[1] 我怀念出租车在身边的日子，但我对自己说，现在由他来照看她大概是件好事，因为也许他知道如何做得比我们更好。

出租车几年前死在了夏威夷，当时一位工业巨子带她去那儿“休息”。那时，我已经很多年没有见过她了。[2]

1　这里谈到的这位“终极流行乐手”应该是指鲍勃·迪伦。

2　沃霍尔在本章以出租车（Taxi）之名记述的这位女孩儿，其原型是伊迪·塞奇威克（Edie Sedgwick，1943—1971）。

3

爱（老年）

B: 你昨天晚上怎么没来？你最近情绪可不太对啊。

A: 你知道——我实在是见不了新人。我太累了。

B: 可昨儿晚上都是老相识了，你也没来啊。你不该看那么多电视的。

A: 是啊，我知道。

B: 那个角色是男扮女装吗？

A: 扮的谁？

A: 最刺激的事儿是不做。如果你爱上了某人而不做，比做可刺激多了呢。

恋爱让人太过投入了，其实不值当的。但如果因为某种原因，你觉得值，那么你应该只投入和对方一样多的时间和精力。换句话说，恋爱应该“两不相欠”。

关于爱，人们有太多的问题和困扰了。人们总是在寻找一个人，可以做他们的威尼托大街（Via Veneto）[1]，做他们不会塌陷的舒芙蕾。一年级就该开设关于爱的课程。应该有关于美、关于爱和关于性的课，而关于爱的课要作为重中之重。此外我总是觉得，人们应该向孩子们展示如何做爱，一劳永逸地讲给他们听、演示给他们看：性爱其实没什么大不了的。但是人们不会这么做的，因为爱和性都是生意。

但我转念又想，也许就那么蒙在鼓里也挺好，因为如果你知晓了一切，那接下来的人生就没什么念想了，没有了可以去幻想的东西，你也许会发疯；因为不管怎么说，

1　威尼托大街是罗马的一条著名购物街，也是该市地价最为昂贵的街道之一。费里尼 1960 年的电影《甜蜜的生活》主要表现的就是威尼托大街一带，影片使这条街在 20 世纪 60 年代和 70 年代出名，变成了高档咖啡馆和商店聚集之地。

我们现在的寿命是越来越长了，青春期之后有太长的时间可以做爱。

我不太记得青春期的事儿了。我大概因为卧病在床——身边是我的查利·麦卡锡玩偶——而错失了大部分的青春期，就像我错失了《白雪公主》一样[1]。我直到四十五岁才看《白雪公主》，是和罗曼·波兰斯基（Roman Polanski）[2]一起去林肯中心看的。长久的等待大概是件好事，因为我想象不出怎么才能比当时更兴奋了。这让我想到，与其早早地告诉孩子们性爱的过程和虚无，也许倒不如等他们到了四十岁再忽然间兴奋难耐地告诉他们有关性爱的一切。你和一位刚过了四十岁生日的友人一起在街上走，不经意间讲起性爱ABC，接着等他因为知晓了“什么进到什么里”而起的震撼平息下去之后，再将余下的部分耐心解释给他。这样在四十岁之时，他们的人生忽然有了新的意义。考虑到我们现在活得更久，我们真的应该让我们的孩童期变得更长。

更长的寿命让所有旧时的价值和它们的应用都失灵了。过去人们在十五岁的时候学懂性，三十五岁的时候就死了，显然他们的问题会比我们少。我们如今八岁左右——我想差不多吧——就了解了性，而要一直活到八十

1　指迪士尼1937年版的《白雪公主和七个小矮人》（*Snow White and the Seven Dwarfs*）。

2　罗曼·波兰斯基（1933—　），导演，制片人，演员。波兰斯基生于法国的一个波兰籍犹太家庭，1962年以《水中刀》（*Knife in the Water*）崭露头角，在人生的各个时期有代表作多部。

岁。这意味着我们要在漫长的岁月里从同一个观念那儿取乐。同一个无聊的观念。

真正爱他们的孩子，希望孩子们在人生中的无聊和不满尽可能地少的家长，应该采取老派的做法，尽可能晚地准许他们谈恋爱，这样他们将会在一个更长的时期里有所期盼。

性爱在银幕上和书本间要比在枕席之间更能激动人心。让孩子们去阅读吧，让他们期盼吧，然后在他们就要有亲身经验之前，告诉他们最美妙的部分他们已经品尝过了，再就不剩什么了。

幻想中的爱恋比实际的爱恋好得多。永远不去做是最刺激的。最为刺激的吸引来自永不相遇的两极。

我喜欢每一个“解放”运动，因为“解放”之后，那些一直谜一般地存在的事物变得可以理解了、变得无聊起来，这样若有人未能置身于正在发生的事情之中，他也不会感到自己被排除在外了。比方说吧，寻找适合自己的丈夫或妻子的单身人士过去会觉得被排除在了婚姻之外，因为婚姻在过去所拥有的形象是那么地美好。像是简·怀亚特（Jane Wyatt）和罗伯特·扬（Robert Young）[1]、尼克和诺拉·查尔斯（Nick and Nora Charles）[2]、埃塞尔和弗雷德·默茨（Ethel and Fred Mertz）[3] 以及戴伍德和金发女郎（Dagwood and Blondie）[4]。

结婚看起来是如此美好之事，以至于如果你不够幸运，没能嫁人或者娶妻的话，日子简直像要没法过了似的。对于单身的人来说，婚姻看起来是美好的，有关它的林林总总似乎都是迷人的；而性爱就更不用说了，总被暗示为理所当然的美妙——没人能以语言形容之，因为“你必须亲自试过”才能知道那有多么地好。整件事都像是结了婚的人的阴谋，他们绝口不提结婚和性爱并不一定全然是美妙的；如果他们能够坦诚一些，他们是很可以让单身的人不感到那么大的压力的。

但有关婚姻的秘密总是被保守得相当好，没什么人会告诉你一旦结了婚，床上的地方就不够睡了，而且还可能

1　这里指罗伯特·扬（1907—1998）和简·怀亚特（1910—2006）在 1950 年代广受欢迎的美国情景喜剧《老爸最清楚》（*Father Knows Best*）中饰演的安德森夫妇。

2　两人是美国侦探小说家达希尔·哈米特（Dashiell Hammett，1894—1961）的小说《瘦子》（*The Thin Man*）中的夫妻档。《瘦子》在 1934—1947 年间，曾改编为大受欢迎的系列电影，也曾改编为广播剧、电视剧、百老汇音乐剧和舞台剧。硬汉派侦探小说大家哈米特另有名作《血色收获》（*Red Harvest*，1929）和《马耳他之鹰》（*The Maltese Falcon*，1930）等。

3　两人是 1950 年代广受欢迎的美国情景喜剧《我爱露西》（*I Love Lucy*）中的夫妻。

4　两人是奇克·扬（Chic Young）于 1930 年开始创作的漫画《金发女郎》（*Blondie*）中的夫妻。扬在 1973 年去世前一直持续进行《金发女郎》的创作，他死后创作则由儿子接手。

不得不在每天早上面对另一半呼出的臭气。

关于爱的歌曲非常多。但有一天，我特别激动：有人给我寄来一首歌词，歌词中写到他是怎么样地什么都不在乎，还有他对我是如何地不在乎。这真是非常好。他成功地传达了他真的什么都不在乎。

只身一人我看没什么不好。对我来说，只身一人棒极了。人们把一个人的爱看得太重了，其实并不非得看得那么重。众人环绕的生活也是，被人们看得太重了。但与他人有着过分牵连的生活和来自他人的爱是东方式的智者不予一顾的事情。

我不知道爱情是否有可能一直持续。如果你已经结婚三十年，当你为“你爱的那个人做早餐”时，他走了进来，他真的会为之心里一动吗？我是说假设这就只是个普普通通的早晨。我想他会为那早餐心里一动，不过这样也不错。有人为你做早餐是件不错的事。

你为爱付出的最大代价就是你身边将会总是有个人，你没法再只是一个人了，而一个人总是要好得多。最不好的地方，不用说，就是床变得特别挤。即使是养一只宠物也会侵占你卧室的空间的。

我相信订婚是美好的，而且订得越久越好。

可以有爱有性，也可以有性无爱，还可以有爱无性。但是过于投入的爱和过于投入的性是不好的。

你可以像忠于一个人那样忠于某个地方或者忠于某样东西。有的地方真的能让你的心为之一动，特别是若你必须要搭飞机才能去那里的话。

我妈总是说别为爱发愁，但千万得结婚。但我一直都清楚我是不会结婚的，因为我不想要孩子，我不想他们有我所有的那些问题。我不认为有谁活该经受那些问题。

我常会想到那些说来应该是什么问题都没有的人，他们结婚、过日子，然后死去，一切都很美好。我认识的人里没有这样的。我认识的人总会有点儿问题，哪怕是厕所堵了这样的问题。

我理想中的妻子应该有很多的培根，她把它们全部拿回家[1]；此外，她还要有一家电视台。

我看老的战争片，看到女孩儿透过电话和在大洋另一侧服役的男友结婚时总是看得入迷，她们会在电话里说："亲爱的，我听到你了！"我常常在想，要是她们就以这样的方式过下去该多好啊，她们会非常幸福。不过我猜她们还是会想要每个月的生活费的。

我有一位电话伴侣。我们有一段透过电话构建的关系，迄今已经六年了。我住在上城，她住在下城。我们的安排实在是好：我们不必面对彼此早上的口臭，然而我们可以像所有幸福的夫妻一样，每天早晨愉快地共进早餐。我在上城的厨房里冲泡薄荷茶，给烘烤到半焦的英式玛芬涂橘子果酱；而她则在下城等着咖啡店来送外卖：一杯浅焙咖啡，烘烤过的圆面包抹黄油和蜂蜜——咖啡豆浅焙，东西不少吃，蜂蜜、黄油和果仁。我们闲聊，消磨过几小时的晨间时光，阳光很好，耳侧电话听筒倚在臂膀间；我们可以放下听筒暂时离开，也可以在想的时候随时挂电话。我们不用操心孩子，只需想着多接驳几台电话机[2]。我

1　英语中说"带培根回家"（bring home the bacon）意为养家糊口。

2　extension phones，在一条电话线上接几部座机。

们有共识，彼此也能理解。十二年前她嫁给了一位钉枪皇后（staple-gun queen）[1]，自那以后就差不多一直在等着法院的离婚判决，不过对于问起的人她一律答复说，他已经在一场泥石流中死掉了。

你体内的一些化学物质变质时，你就会呈现出爱的症状。所以“爱”里一定是有点儿什么的，因为化学物质确实会告诉你一些事情。

我年轻时努力了又努力，试着去学懂爱。然而既然学校里并不教授“爱”，我就转向了电影来寻找线索，想弄明白爱是什么以及该拿它怎么办。那会儿确实能够从电影中就某一种爱学到点儿什么，但你没法运用学到的那些东西在现实中获得哪怕一点点成功。比如说吧，有天晚上我在电视上看 1961 年版的《后街情断》（*Back Street*），由约翰·加文（John Gavin）和苏珊·海沃德（Susan Hayward）主演。这片子看得我目瞪口呆，因为片子从头到尾展示的

1　这里的电话伴侣应该就是本书首章中的 B，布里吉德·伯林。伯林曾在 1960 年嫁给过一位橱窗设计师，钉枪是橱窗设计师日常会用到的工具。皇后（queen）这个词，可以指称男同性恋中女性化的一方。沃霍尔在《波普主义》中曾谈及布里吉德·伯林带着她的未婚夫回家时她母亲的反应：她母亲让门房通知这位未婚夫去街对面的中央公园里等着，然后她给了伯林一百美元让她去买点儿内衣，同时祝她和她的“那位小仙女（fairy）”好运。

都是他们在有幸共度的时光中感叹他们共度的时光是多么地美妙，所以他们共度的每一刻时光都是对他们共度的每一刻时光的美妙的证明。

但我总是在想，电影可以展示给人们的要比这多得多。电影可以展示人们之间究竟是怎样的，并由此帮助那些无法理解、不知道该怎样去做的人，电影可以告诉他们一些实际的选项。

我在我早期电影中试图做的，正是展示人们可以怎样和他人相识，人们可以相互做些什么、相互说些什么。这就是那会儿的全部想法：展示两个人是怎样熟识起来的。这样当你看这些电影的时候，你会看到这件事有多么地简单，你会学到这件事究竟是怎么一回事。那些电影向你展示人们是如何行动的，又是如何与他人互动的。它们像是实实在在的、社会学式的“举个例子”。它们就像是纪录片，如果你觉得它们适用于你，那它们就是示例；而如果你觉得它们不适用于你，至少它们还是纪录片，它们可以适用于你认识的某个人，可以澄清一些你对他们的疑问。

比如说，在《澡盆女孩儿》（*Tub Girls*）中，姑娘们必须在澡盆中有人的情况下洗澡，而她们也就在我们拍摄这部电影期间学会了怎样在澡盆中有人的情况下洗澡。他们彼此在澡盆中相识。姑娘必须带着她的澡盆去见下一个她必须与之一起洗澡的人，所以她得胳膊下面夹着澡盆去……我们在那部片子里用的是一个透明的塑料澡盆。

我从未想要专门制作纯粹的性爱电影。如果我想要拍一部真正的性爱电影的话，我会拍一朵花生下另一朵花，而最棒的爱情故事则是一只笼子里的两只爱情鸟。

最好的爱（love）是那种“不去想它”的爱。有些人可以在性爱（sex）之中让头脑放空，一心就只想着性（sex）；另一些人永远不能让头脑放空而只想着性，所以他们在性爱之中时会想个不停：“真的是我在做吗？我真的在干这档子事儿吗？这实在是很奇怪。五分钟前，我还没有在干这事儿。再过一小会儿，我将不会再干这事儿。我妈会怎么说？过去的人们又是怎么想这档子事儿的？”第一类人——可以让头脑放空、只想着性而不东想西想的人——更好。另外那类人必须要找些其他的事情来放松，在那些事情里沉醉。对我来说，这其他的事就是幽默。

唯有一类人是我真正感兴趣的，那就是风趣之人；因为一个人要是无趣，就会让我感到无聊。但如果某人的逗趣对你来说是最大的魅力，你就会遇到一个麻烦，因为风趣毕竟不同于风情。到头来，在大家要赤裸相见的时候，你很可能无法真正地兴奋起来，你没法真的“做”。

但比起做，我宁愿在床上笑。钻进被子里，啪啪啪地抛出一个又一个笑话，我想是最棒的了。“怎么样，我厉不厉害？”“嗯，刚才那个很好笑。”“哇哦，你今晚真是特别特别好笑！”

如果我去找小姐，大概会付钱让她给我讲笑话。

有时性魅力历久不衰。我见过不止一对夫妻，在性事上彼此间的吸引力并不随着时光的流逝而衰减。

当一对夫妻长久地生活在一起，确实会变得彼此相像。因为你喜欢一个人，就会在不经意间学到他们的小动作，贴近他们的生活习惯。而且同住也意味着吃同样的饭菜。

关于爱，每个人都有不同的理解。有个我认识的女孩儿跟我说：“他没有射在我嘴里，那一刻我就知道了，他是爱我的。”

这些年来，我应对爱比起应对嫉妒要做得好。我时不时会感到妒意袭来。我觉得我可能是世界上最善妒的那类人了。要是我的左手画了一张漂亮的画，我的右手就会感到嫉妒。如果我的左腿跳出了一步不错的舞，我的右腿会嫉妒。我左半边嘴会嫉妒，如果我右半边嘴在嚼好吃的。外出用餐，要是谁的菜点得比我的好，我会嫉妒。要是谁用傻瓜相机拍出了模糊的照片，哪怕我用宝丽来拍同一个场景拍得清清楚楚，我也会嫉妒。基本上，不管什么事，只要不是由我来最先挑选，我就会发狂。很多时候我都在做着我根本就不想做的事，其原因不过是妒意暗涌，想着要是我不做就该有别人做了。实际上，我总是力图买下许多东西和许多人的原因，也不过是嫉妒别人可能会买下他们，而他们有可能很不错。这就是我种种人生故事之一种。我平生上过的不多的几次电视，也因为我嫉恨节目主持人恨到没能开口。节目组的摄像机才一开动，我脑子里的全部念头就只剩下了一样:“我要有我自己的一档电视节目……我要有我自己的一档电视节目。”

想到有人爱上了我，我就紧张得不行。每当我有一段新的“罗曼史”，我都特别紧张，我会把整个办公室的人都带上，通常这意味着五六个人吧。他们一起来接上我，然后我们再去接她。要爱我，就要爱我整个办公室。

每个人到最后都会发现自己跟错误的人吻别、道晚安。我感谢办公室的人陪我约会的方式之一，是答应陪他们一起赴约。他们中的一两个人喜欢利用这一服务，因为他们中的这一两位有点儿像我，他们不希望有任何事情发生。他们告诉我，当**我**在场的时候，就不会有事发生。不管去哪儿，我都会让事情无以发生。我看得出来，我进门的时候他们中的一位如释重负，因为有事情正要发生，而他们等不及要由我来让事情无法发生。特别是当他们滞留在意大利的时候，因为你知道意大利人是多么喜欢弄出点儿事来，而我显然是解毒剂。

人们应该闭着眼睛坠入爱河。闭上你的双眼吧。别看。

我认识的有些人会花很多时间在脑海中构想新的勾引计划。我过去认为，只有不用工作的人才有时间想这些，但我继而意识到大部分人都是用别人的时间来构想他们的新方案的。大部分人坐在办公室里，拿着薪水，脑子里想的却是怎么把某人弄上床。

我确信昏暗的灯光和魔术镜（trick mirrors）是有其价值的。一个人有权选择他需要怎样的照明。而且，如果你四十岁的时候才了解性——像我之前建议的那样——那么你最好相信昏暗的灯光和魔术镜是有其价值的。

爱可以被买和卖。超级明星中较年长的一位，每次被她所爱的人踢出房门时都哭得厉害。我常跟她说："别为这种事烦心。有一天你会变得非常有名，那时你就可以把他买下来了。"事情也正是这样发展的，而现在她很幸福。

碧姬·芭铎（Brigitte Bardot）是最早的那批特别现代的女人中的一个，她对待男人就像对待爱恋之物，买下又丢弃。这，我喜欢。

如今最时髦的姑娘是风尘女子。她们穿着最时髦的衣装。过去她们总是落后于时代，衣装过时，但现在她们是街面上最早穿上新装的人。她们消息灵通了。现如今，更有头脑的姑娘也要说是风尘女子。她们更为自由，更为解放。但她们仍然在背难看的小挎包。

思考一下“性和怀旧”是有意思的。有一天我在西区四十几街走着，那儿不是有些廉价舞厅吗，我就看了看他们展示出来的姑娘的照片，八乘十英寸大小的那种。其中一家的橱窗里展示的照片带有非常浓郁的五十年代风情，但相纸却并不发黄，看不出时光流逝的痕迹。所以我就不清楚了，照片上的姑娘此刻就在店里吗，还是说店里等着你的不是玛米·范多伦（Mamie Van Doren）[1] 那种类型的女孩儿，而是疲惫不堪的退役嬉皮。我不知道。那家店也许是专做特定人群的生意的，那些人怀旧地寻找着他们在五十年代曾经试图搞到手的姑娘。

现在一切都变化得如此之快，当你终于准备好去实现你长久以来的幻想之时，你发现世界变了，而你已经没有机会了。那些曾无数次地幻想身穿漂亮的蕾丝胸衣和绸缎

1　玛米·范多伦（1931—　），美国女演员，性感偶像，代表作有 1957 年的电影《不羁青春》（*Untamed Youth*）等。

睡裙的姑娘的小男孩儿，该如何是好呢？他们没有机会找到他们一直以来所期盼的了，除非那位姑娘才刚去了一趟本地的二手店——而没有什么比这更糟的了。

幻想和衣装常有密切的关联，但时光流转、风俗变迁，现在也基本没有这回事儿了。过去，当服装的生产者还在用好的料子做好的衣服的时候，一个去买西装或衬衫的普通人什么都不用多想，只看是否合身，而这样也就很可能买到一套细节讲究、料子也好、穿上很精神的西装了。

但是之后劳动力的价格贵了起来，同样价钱的东西，生产商开始在工艺上俭省起来，每年的工艺都更次一些，然而却没有人真的不满，所以他们就进一步、再进一步——直到今天他们仍在得寸进尺——他们想看看工艺差到什么地步，人们才会说："这还算是衬衫吗？"今天，价位适中的服装生产商真的是在卖破烂儿。除了衣服的工艺极为不堪——粗针大线、没有衬里、没有收腰、没有锁边——衣服还都是用合成材料做的，从穿第一次难看到最后一次。（尼龙是唯一还不错的合成材料，我想。）

唉，如今人们买东西的时候必须非常小心，不然他买到的一定是破烂儿。不光得小心，还得花很多钱才行。所以这就意味着，**在今天，如果你看到一个衣着讲究的人，你可以肯定他们在衣装和外表上花了不少的心思。**而这可不太妙，因为一个人不该太过在意他的外表。对女孩儿来说也是如此，不过没那么严重——女孩子可以稍稍多花些心思，她不会因为显得自恋而有失她的魅力，因为女孩儿天生更漂亮。但是一个操心他的外表的男人通常都是在极力地表现他的魅力，对男人来说这可是非常地没有魅力。

如今你要是在街上看到一个人，看着特别像你青春期时幻想过的模样，他们恐怕并非你曾经幻想过的那类人，而是一个和你有过同样幻想的人。他们决定，与其得到曾经的幻想或是成为曾经的幻想，还不如让自己**看起来像是**曾经的幻想。所以他就找了一家店，买了你和他都喜欢的衣装，装扮成了你和他都喜欢的样子。所以，忘了他吧。

只要想想所有那些做詹姆斯·迪恩（James Deans）[1] 打扮的人以及那究竟有何意味，你就能够明白了。

杜鲁门·卡波特（Truman Capote）有一次跟我说，有些性爱完全是怀旧的表现；我觉得他说得对。另一些性爱则含有不同程度的怀旧，从有一点儿到有很多。我想如果说大多数性爱都包含了对于某一事物的某种形式的怀旧，恐怕是不错的。

1　詹姆斯·迪恩（1931—1955），美国男演员，以其迷惘叛逆的青少年形象名垂影史，代表作有《伊甸园之东》（*East of Eden*，1955）、《无因的反叛》（*Rebel Without a Cause*，1955）等。

有时，性爱是对你特别想要做爱的那段时光的怀旧。

性爱是对性爱的怀旧。

有些人觉得暴力是性感的，但我从来就没能看出来暴力有何性感可言。

“爱情”在我妈妈用的解梦手册里总是对应着一个好的号码。在我小时候，我妈会去彩票站投注。我记得她那时有一本解梦手册，她会在里面查她做的梦，手册会告诉她那个梦的吉凶，还会附带一个号码，她会用那个号码下注。有关“爱情”的梦总是能让她选到好的号码。

当你想要像什么，这意味着你对它真的喜爱。如果你想要像一块石头，说明你真的喜爱那块石头。我喜爱塑料偶像[1]。

笑容美好的人令我着迷。你忍不住要想是什么让他们笑得这样美。

1　此处的“塑料”，其含义近似于当代汉语中塑料姐妹花、塑料普通话里的“塑料”。

人在不化妆时看起来最适合接吻。梦露的双唇不适合用来吻，但非常适合拍照片。

我有一部电影，《反叛的女人》（*Women in Revolt*），它起初的名字是《性》（*Sex*），我记不得我们为什么改名字了。电影的三位女性主演是三个男扮女装的人：宝贝儿甜心（Candy Darling）、杰基·柯蒂斯（Jackie Curtis）和霍利·伍德劳恩（Holly Woodlawn）。他们扮演了处在不同的“解放”阶段、有着不同的“解放”程度的女人。

别的不谈，易装皇后[1]可谓明证，向我们展示着女人过去希望自己成为的样子，展示着有些人现在仍然希望女人成为的样子，展示着有些女人也仍然希望自己成为的样子。易装皇后是行走的档案，保存着理想的电影明星般的女人的样子。他们发挥着纪录的功能，奉献他们的生命，让那熠熠发光的别样的女性形象留存在人世间，有待你（不要太过接近）的审视。[2]

过去你要是想在医院有一个单间，你需要非常有钱，但现在你只需要是一位易装皇后。如果你是易装皇后，他们会想要把你和其他患者隔开，但也可能是现在的医院有更多的病房了。

1 drag queen，指男扮女装者。

2 受制于当时的化妆品品质和化妆技术，以及易装皇后往往并不太好的社会经济状况，他们装扮的女人通常禁不起过为切近的打量。

我着迷于那些一生都在努力成为一个完完全全的女孩儿的男孩儿，因为他们必须非常努力、毫不懈怠，才能摆脱所有可能让他们露馅儿的男性特质，再将所有那些女性特质吸纳进来。我的意思不是说这么做是对的，我也不是说有这种想法是好的，我不是说这不是自我欺骗或自我毁灭，我也不是说这不是一个男人对他的一生所可能做的最为荒谬的事。我是在说，这是一项非常艰辛的工作。想到他们，我们不应该忽视这一点。看起来和上天所塑造的你完全相反是一项艰辛的工作，更不要说他们所力图成为的女人本就是只存在于幻想中的女人。把电影明星放进厨房，他们就不再是明星，而变成和你我一样的人。易装皇后对我们是个提醒：仍然有些明星是和你我不同的人。

有一阵儿，我们的电影常用易装皇后，因为我们认识的真正的女孩儿似乎对任何事情都打不起精神，而易装皇后对任何事情都可以很来劲儿。但是近来姑娘们似乎开始恢复了活力，所以我们又开始在电影里用真正的女孩儿了。

在《反叛的女人》中，杰基·柯蒂斯扮演来自新泽西州贝永市（Bayonne）的一位女教师，他自由发挥的一处地方成就了全片的最佳台词之一。还是处女的“她”被强迫给阿梅里卡先生（Mr. America）来点儿口头的愉悦——给他口交，而她的那句台词道出了对性爱的幻灭。在又咳又呕、好不容易给他口完之后，可怜的杰基弄不明白她这算是有过了性爱还是没有——“成千上万的女孩儿在男友抛弃她们时自杀，总不会是因为这个吧……”杰基演出了当人们意识到性爱不过像其他事情一样都只是艰辛的劳作时，所感到的困惑。

人们的幻想给他们带来麻烦。如果你没有幻想，你就不会有麻烦；因为不管有什么，你都会就那么接受下来。但这样一来，你也不会体验到浪漫的感觉，因为浪漫意味着在一个没有你所寻找的特质的人身上，找寻你所幻想的特质。我的一个朋友总是说：“女人爱的我，是我所不是的那个男人。”

和恋爱中的人聊天时很容易失礼，因为他们对什么都更加敏感。记得有一次，我在社交晚宴上和一对夫妇讲话，他们彼此相伴，看上去很幸福。我说：“你们是我见过的看上去最幸福的夫妻了。”这话还好，不过之后我又稍稍推进了一步，赢得了整晚的最佳失礼奖。“你们一定像故事书中的梦幻爱情故事一般美好。我一看就知道你们是青梅竹马的一对儿。”话音刚落，他们的脸就拉下来了，他们转身离去，而且整个晚上都回避我。之后我了解到，他们为了能在一起，抛弃了彼此的丈夫、妻子和家庭。

所以跟人谈起他们的爱情真是得非常小心。恋爱中的人，他们的问题和困扰会以古怪的比例混合在一起，要想预先知晓你会在何时说错话是很困难的。

如果你想一下你认识的人的爱情问题，会觉得很古怪。因为他们的爱情问题和他们的人生问题是如此地不同。

我认识的一个易装皇后在等待着一个真正的男人爱上他（她）。

我总是碰上女强人在寻找弱男子来掌控她。

我不认识没有幻想的人。每个人都一定有幻想。

我的一位电影制作人朋友一语中的，他说："性冷淡的人其实很能'干'。"他说得没错，他们真的能，而且真去干。

4

美

B：她是穿了别人的衣服吗，还是确实穿的是她自己的？

A：啊，这个一言难尽。她穿的是她丈夫的衣服——她去他的裁缝那儿做衣服。他们为了这事儿打得不可开交。

我还没见过一个我不能称之为“美人”的人。

每个人都可能在人生的某一阶段是美的，当然通常美的程度是不同的。有时他们在婴儿期是美的，待到长大成人就不再美了；但等老了的时候，有可能又是美的了。或者一个人可能胖却有一张美丽的脸庞，又或者罗圈儿腿但身形健美。有时，一等一的美女没有胸；有时，一等一的美男子那里非常小（你知道我说哪里）。

有人觉得美人的人生会比较顺遂，但实际上的情况人人不同。一个人长得美，却可能没有脑子。一个人长得不美，却可能并非没有脑子。所以人生的境况取决于有没有脑子和美不美，以及有多美和有多没脑子。

我总是在说“她是个美人！”或者“他是个美人！”或者“好一位美人！”，但我从来不清楚我自己在讲什么。

我真的不明白“美”是什么，更不要说“美”人了。这就让我的处境变得有些奇怪了，因为我以整日里赞叹“这可是位美人呐”或“那可是位美人啊”而知名。之前有一年，所有的杂志都在讲我的下一部电影将是《美人》（*The Beauties*）。片子的关注度极高，但之后我却决定不了该由谁来出演。如果说有谁不是美人，那么就没有谁是美人。我不想暗示说出演《美人》这部片子的孩子是美人，而出演我其他片子的孩子不是，所以这片子我就因为片名的缘故而没有拍。片名很成问题。

我其实不很在意美人（Beauties）。我真正喜欢的是谈天的人（Talkers）。对我来说，擅长谈天的人是美的，因为好的谈话是我所钟意的。“谈天的人”和“美人”，两者在构词法上就能显示出何以我更爱“谈天的人”，何以我录音多过拍电影。“谈天的人”（talkers）可不是“有声电影”（talkies）。[1] 谈天的人是**在做事**，而美人只是**在那里**。也不是说“在那里”就一定不好，只是我不清楚如果就只是在那里的话，又算是什么呢。和做事的人在一起更有意思。

1　美人的英文 beauties 和有声电影 talkies 都是 ies 结尾，与谈天的人 talkers 以 ers 结尾不同。英文中动词加 er 表示“做……的人”，与此处沃霍尔想要表达的“谈天的人”是在做事情一致。

我在我的自画像里把粉刺全都省略掉了，因为是人就该这样做嘛。粉刺是临时状况，和你本人的真正样貌无关。斑斑点点、坑坑洼洼也一概略去，它们不是你想要的好的画面的一部分。

如果一个人是他们那个时代的美人，我是说他们的样子刚好是流行的样子，而之后时代变了、品味变了，就这样十年过去了，如果他们完好地保持着他们的样子——没做任何改变，保养得也精心的话，他们仍将是美人。

施拉夫特连锁餐厅（Schrafft's）代表了他们那个时代的美好，然而之后他们力图跟上新时代，改了又改，直到魅力尽失，被一个大公司买去了。但如果他们当时保持住自己的样貌和风格，再挺过为潮流所弃的艰难岁月，今天的他们将是最棒的一家餐厅。你必须在自己的风格不流行的时候坚持住，因为如果它是好的，它将会再次流行，人们也将再次认识到你的美。

有些美会使你显得渺小，让你觉得在它旁边你就如同一只蚂蚁。有一次，我在墨索里尼体育场，那儿的雕塑都比真人大得多，我感到自己就像是一只蚂蚁。今天下午我在画一个美人，一只小虫忽地飞到颜料上，粘住了。我试图把小虫从颜料上弄起来，我试了又试，直到把小虫弄死在了美人的嘴唇上。所以本可以是很美的一只小虫，就这样留在了某人的嘴唇上。我在墨索里尼体育场时就是这样的感受。像一只小虫。

照片里的美人和现实中的美人不同。做模特儿肯定特别不容易，因为你会想和照片上的你一个样，然而你看起来却绝非那个样。所以你开始模仿你的照片。照片通常可以提供半个全新的维度。（电影则提供一个全新的维度。银幕魅力是个颇为神秘的东西，如果你能看穿它的奥秘，又懂得如何制造它，你就有了一项可供销售的特别棒的产品。但除非你真的在银幕上看到某人，否则你无法知晓他们是否有银幕魅力。所以试镜是必须的。）

只有非常少的美人是懂得谈天的人，但确实有一些。

美容觉。　　　　睡美人。
容貌问题。　　　问题美人。[1]

即使是美人也可以并不动人。如果你刚好在错误的光

1　这四个讲法两两一组，在英文里可由前后词序调换而来。它们的英文原文分别是：Beauty sleep，Sleeping beauty，Beauty problems，Problem beauties。

线下碰到一位美人，还是趁早忘了吧。

我相信昏暗的灯光和魔术镜是好的。

我相信整容手术是好的。

有一阵儿我鼻子的样子很是困扰我——它总是红红的——我决定去做个磨皮。甚至我的家人都管我叫“安迪·红鼻子·沃霍拉”（Andy the Red-Nosed Warhola）。[1]我去看医生，我觉得医生大概是想要迎合我，所以就给我做了磨皮。从圣路加医院（St. Luke's Hospital）出来的时候，我还是我，但多了条绷带。

手术不打麻药，但他们会拿一个喷射罐给你满脸都喷上一种冰冰的东西。之后他们用砂纸在你整张脸上仔细地磨。事后疼得很。接下来两周你都没法出门，待在家里等着脸上结的痂脱落。我做了所有这一切，结果我的毛孔反而更大了。我真的特别失望。

我还有另一项皮肤问题：八岁的时候，我失掉了我的肤色。另一个人们曾用来称呼我的名字是“斑块儿”（Spot）。我是这样失掉我的肤色的：我在街上碰到个女孩儿，她的皮肤有深浅不同的两个色调，我很着迷，就一路跟着她看。过了没有两个月，我自己的肤色也变得深浅不同了。我甚至都不认识那个女孩儿，她不过是我在路上碰

1　安迪·沃霍尔本名安德鲁·沃霍拉（Andrew Warhola）。在英文中，安迪（Andy）是安德鲁（Andrew）的昵称。

巧看到的。我问过一个医学生有没有可能我光是因为看她就感染了什么。他没说话。

大概二十年前我去过一次乔吉特·克林格尔（Georgette Klinger）的皮肤护理中心，乔吉特拒绝了我。那会儿她还没有开设男宾部，她就这样不公平地对待了我。

如果有人想把一辈子都花在涂面霜、修眉、搽粉上，花在这里动一下、那里动一下上，那也没什么不可以，因为这让他们有事可做。

有时，那些为精神崩溃的问题所困扰的人，可以看起来非常美，因为他们举手投足间有着某种脆弱的感觉。他们散发出一种氛围，让他们变得更美。

有人跟我说美人会失去她们的美，如果她们在床上放不开的话[1]。我不相信这种说法。

---

1 “美人”（beauties）一词，虽然在英文中通常用来指代女人（因此译文用了“她们”），但实际上在本章中，依照沃霍尔的用法，“美人”既可以指代女人，也可以指代男人。

如果你对某人有兴趣，而你觉得他们也可能对你有兴趣的话，你应该立刻指明你所有的容貌问题和缺陷，而不是想着他们也许不会注意到。举例来说吧，也许你有某个无法改变的永久性的容貌问题，比如腿短。你应该说出来。“我的腿——也许你已经注意到了——相较于我的上半身，实在是不合比例地短。”为什么要给其他人发现的机会和由此带来的满足呢？一旦公开，至少你知道在你们的关系里，它永远不会是一个问题了；如果它后来确实成了问题，至少你还可以说：“我一开始就告诉你了啊。”

另一方面，若你的容貌问题完全是暂时的——一颗新长的青春痘，没有光泽的头发，一宿没睡的憔悴双眼，腰上的五磅赘肉——不管是什么问题，原则是一样的：你应该明确地讲出来。如果你自己不讲明，不说“我每月的这个时候头发都特别干枯毛糙，大概是我大姨妈要来了”又或者“我圣诞假期吃罗素·斯托弗（Russell Stover）巧克力[1]胖了五磅，但我很快就能减掉”，别人就可能以为你那些暂时的容貌问题是永久性的。如果你们才刚认识，人家为什么一定会往好了想呢？要记住，他们此前从未见过你，所以摆正他们的观点，让他们充分发挥想象力就全得靠你自己了。要让他们想象你的头发柔顺闪亮时的样子，想象你没有赘肉时的身材，想象你的连衣裙要是没有溅上

1　罗素·斯托弗糖果公司（Russell Stover Candies）由美国化学家、企业家罗素·斯托弗（1888—1954）和他的妻子克拉拉·斯托弗（Clara Stover）于 1923 年共同创办。公司于 2014 年被瑞士莲收购。

油点儿的话得有多好看。甚至可以跟他们讲，你衣柜里挂着的衣服比你现在穿着的衣服还要好——而且好得多。如果他们真的喜欢你，他们会乐于想象你没有那些暂时的容貌问题时，看起来会是什么样子。

如果你的脸色天生苍白，你应该多用腮红来弥补。但如果你有个大鼻子，那就只管突显它好了。而若是你有一颗青春痘，涂药的时候要这样涂：要让涂完了药的痘痘分外显眼——“看！我给痘痘涂了药！”不同问题要不同对待。

我一直认为人们会在街上转身看向某人，大概是因为从他们的身上闻到了某种气味，是那气味让他们转的身、让他们性兴奋。

黛安娜·弗里兰（Diana Vreeland）在《时尚》做过十年编辑，她是世上最美的女人之一，因为她不惧怕他人，想做什么就做什么。杜鲁门·卡波特提到关于她的另外一点——她干净整洁，这让她更美。这也许甚至是她的美的根基。

干净整洁非常重要。梳洗一新、干干净净的人是真正的美人。不管人们穿着什么、和谁在一起、首饰和衣服有多贵又或者妆容有多完美，只要他们没有做到干净整洁，那么所有的一切也就不作数了：他们不美。这世上最普通又或是最不时尚的人仍然可以是美的，只要他们非常干净、非常整洁。

六十年代我认识的许多人似乎都认为胳肢窝味儿对人来说是有吸引力的。他们似乎从来不穿能洗的衣服。所有的东西都必须干洗——绸缎、带着小镜片的衣服、丝绒——问题是从来没人拿去干洗。之后，当人们开始穿翻毛皮和皮制衣装的时候，情况变得更糟了，这些衣服**真的**从来都不清洗。我得承认有一阵儿我自己也穿翻毛皮和皮制的长裤来着，你真的没法觉得自己干净整洁，而且不管怎么说，除非是为了保暖，否则穿动物的皮毛无异于是一种堕落——我从来都不明白怎么还没有发明出和皮草一样暖和的东西来。所以经过了这一堕落时期，我就又回去穿牛仔裤了。牛仔裤是你能穿的最干净的东西了，因为它们本就需要经常洗。而它们在本质上又是如此地美国。

美和一个人展示它的方式密切相关。“美”的出现，和地点相关，和人们的衣着相关，和他们站在什么旁边相关，和他们从什么样的衣帽间走下楼梯相关。

珠宝首饰并不会让一个人更美，但它会让人**觉得**自己更美。如果你给某位美人戴上珠宝首饰，穿上美丽的衣装，放到有着美丽的家具和美丽的油画的美丽的房子里，她们不会变得更美，她们还是原来的样子，但她们会**认为**自己更美了。然而，如果你给一位美人穿上破衣烂衫，她们会变丑。你总是可以让一个人变得不那么美。

处于危险中的美变得更美，但处于污垢中的美则会变丑。

让一幅画成其为美的是上颜料的方式，但我不明白女人是怎么上妆的。连嘴唇都要上妆，而且化妆品又是那么地厚重。口红、底妆、粉饼和眼影膏，还有珠宝，一切都是那么地厚重。

孩子总是美的。小孩儿，我觉得，一直长到八岁通常都是很好看的，即使戴眼镜也好看。他们的鼻子总是很完美。我还没见过不讨人喜欢的婴儿呢。五官小小的，皮肤也很好。动物也一样，我还没见过难看的动物呢。婴儿以其美而受到保护，因为他们的美，人们不太会想要伤害他们。动物也一样，它们以其美而较少受到伤害。

美和性一点儿关系也没有。美和美有关，性和性有关。

如果一个人在大多数人看来都算不上美，他们仍然可能取得成功，只要他们在口袋里备上一些笑话，而且还要有许多的口袋。

相较于普通人，美人更可能让你长久地等待，因为在美和普通之间有着巨大的时差。而且美人知道大多数人是会等她们的，所以她们即使晚了也不着急，于是她们就到得更晚了。不过等她们到了，她们通常会感到愧疚，为了弥补迟到的过失，她们会对你特别好、变得特别甜，这甜美让她们变得更美。对美人来说，这是个常见的综合征。

我总是在想，一个女人如果很搞笑，她还可不可能仍然是美丽的。有些女性喜剧演员很有魅力，但如果非要在美和逗之间挑一个词来形容她们的话，你会说她们很逗。有时我在想，**极致的美**必须排除任何幽默的成分。但我紧接着就想到玛丽莲·梦露，她在一些电影里讲过最好笑的对白。如果当年她找到了适合自己的喜剧天地，可能会成为一位相当搞笑的艺人。我们今天会看着她在“玛丽莲·梦露秀”里的演出而捧腹大笑。

一次，有人让我就我曾见过的最美之人给出终极答案。这个嘛，我只能从电影里拣选出确切无疑的美人，因为你要是见了他们，会发现他们也算不上是真正的美人，所以你能给出的标准甚至并不真的存在。在现实生活里，电影明星甚至无法达到他们自己在电影中定下的标准。

旧时极为美丽的电影明星，有些美丽地老去了，有些则不那么美丽地老去了。有时你看到很久以前曾出演过同一部电影的两位美丽的女星一同现身，一位的模样和举止已经像个老女人了，另一位还像个女孩子。但我想，这其实并不太关紧要，因为历史只会记住她们在电影里的美丽时刻，其他的则并不记录在案。

好的平凡相貌是我的最爱。哪天我要是不想看起来如此地“坏”了，我会想要看起来“平凡”。那将是我的下一个选项。

我总是在想戴眼镜意味着什么。当你习惯了戴眼镜，你就不知道你实际上可以看多远了。我想了想眼镜发明之前，人们是什么样的。那会儿一定很古怪，因为每个人都依照自己视力的好坏而有其看待世界的不同方式。如今，眼镜使得所有人的视力都标准化了，都是5.0。这是人们在变得彼此相似的一个事例。要不是因为眼镜，每个人都可以用不同的视力水平来看世界。

在一些圈子里，深沉的人有着他们自认为深沉的思想，而诸如“迷人”“伶俐”和“漂亮”这类词语全都被用作贬损之语；生活中那些更轻巧的东西，也就是那些最为重要的东西，全都受到贬抑。

体重并不像杂志上讲的那样重要。我认识一个女孩儿照镜子时只看自己的脸而从不看肩膀以下，她的体重得有四五百磅，但她看也不看，她只看自己那张漂亮的脸，因此她也就自认为是个美人了，而因此我也认为她是个美人。这是因为我通常按照人们的自我形象来认识他们，因为比起一个人的客观形象，一个人的自我形象和他们的思维方式有更大的关系。也许她体重六百磅，谁知道呢。如果她不在意，我也就不在意。

但是如果你想要控制体重，不如试试安迪·沃霍尔纽约节食法：当我在餐厅里点餐的时候，我会把所有我不想吃的都点上，这样当其他人在吃的时候，我有很多菜可以玩儿。之后，不管那家餐厅有多时髦多优雅，我都会坚持让服务员像打包外卖那样把所有的菜都包起来，而等我们离开餐厅，我会在街头找一个角落，把饭菜留在那里；因为在纽约，有非常多的人露宿街头，他们的全部家当都装在塑料袋里。

这样我减了重、保持了身材，而街角的某个流浪汉则会在窗台上发现一顿格勒努耶餐厅（La Grenouille）[1]的晚餐。不过他们也许和我一样，也不喜欢我点的菜——这种事真的说不好。他们可能会对那晚餐嗤之以鼻，转而在垃圾箱里寻找半块裸麦面包。对于他人，你永远无法猜得透。你永远无法知晓他们会喜欢什么，也永远无法知晓你该为他们做什么。

不管怎么说，这就是安迪·沃霍尔纽约节食法。

我知道有些好的厨师会花上几天来寻找新鲜的大蒜、新鲜的罗勒、新鲜的龙蒿等等等等，然后拿罐头番茄来做酱汁，还说这没关系。但我知道这有关系。

一个民族也好，一种文明也罢，当他们变得堕落、拜金的时候，他们总是会指着自己的外在美和物质财富说，如果他们的所作所为不好，他们的境况是不会这样地好、

1　格勒努耶是一家位于第五大道和麦迪逊大道间的高档法式餐厅，1962 年开业。在纽约，六十年代开业而至今仍在营业的高档法式餐厅，格勒努耶是绝无仅有的一家。Grenouille 在法语里是青蛙的意思。

不会这样地富有和美丽的。比如《圣经》中崇拜金牛犊的人就是这样说的，而崇拜人体的希腊人也是同一套说辞。但美与财富和你是否是个良善之人没有一丁点儿关系，只要想一下所有那些得了癌症的美人你就明白了，而且很多杀人犯长得也很好看，事情就是这么简单。

有些人，甚至一些有头脑的人，说暴力可以是美的。对此，我无法理解；因为美是一些时刻，而对我来说，那些时刻从来都不是暴力的。

一个新想法。

一副新打扮。

一桩新性事。

一条新内裤。

城里要有源源不断的新女孩儿才好，实际上也确实总是有。

龙虾的颜色之美只有当它被放入滚水之中时才会显现……天地改易万物，碳可以化为钻石，泥土可以成金……说起来在鼻子上穿个环是很漂亮的。

当我在海边望着沙滩，它的美总是让我缓不过神。海浪冲刷着它，把它抚平，海边的树和草看起来也总是很好。我觉得拥有一片土地而不去破坏它，是人们所能拥有的最美的艺术。

东京最美的事物是麦当劳。

斯德哥尔摩最美的事物是麦当劳。

佛罗伦萨最美的事物是麦当劳。

美国是真的美。但是如果每个人都能有足够的钱过活的话，它会变得更美。

美丽的监牢给美丽的人。

美感对每个人来说都是不同的。当我看到有人穿着丑得都没法儿看的衣服时，我试着想象他们买下那件衣服的时刻，他们肯定在想："这太棒了，我喜欢，我买了。"你无法想象他们的脑子是哪里坏掉了，使得他们买下紫红色涤纶格纹长裤，或是写有亮闪闪的"迈阿密"字样的腈纶吊带衫。你不禁想知道在他们看来什么是**不美**的——腈纶吊带衫上面写着"芝加哥"？

你永远无法预料一个人的样子、谈吐又或是举动中的哪个小地方会触发别人古怪的情感反应。比如说吧，有天晚上我和一位女士在一起，忽然间她激动起来，开始逐一数落一个我们都认识的人的容貌的不堪——他瘦弱的胳膊、他那长着青春痘的脸、他不良的体态、他粗重的眉毛、他的大鼻子和他不佳的着装。这让我不知道该说些什么，因为我不懂如果她不希望别人看到她和他在一起的话，为什么她不介意被看到和我在一起呢？不管怎么说，我也有着瘦弱的胳膊，也长青春痘，但她似乎没有注意到我的这些问题。我认为某些小地方确实会激起别人的反应，而你无法知晓他人过往经历中的什么会让他们强烈地喜欢抑或是讨厌一个人，以至于连带他的一切也都一并喜欢或讨厌起来。

有时，某物看起来是美的，不过是因为它和周遭的事物相较，有着某种不同。如果窗台花箱里其他的花都是白色的话，那么里面的那朵红色牵牛花看起来会非常地美，反过来也一样。

在瑞典，你见到一位美丽的人，接着又是一位美丽的人，接着又是一位美丽的人，最终你甚至都不会再转过身去看，因为你知道你见到的下一个人将会和你懒得转身去看的人一样美。在瑞典这样的地方，你真的会感到无聊，以至于当你看到一个不美的人，他在你眼里会非常地美，因为他们打破了美丽的单调。

对我来说，有三样事物总是看起来非常地美：我那双穿旧了的、不会挤脚的鞋，我自己的卧室，以及回国时的美国海关。

5

名声

B：那些唱片公司的人想要什么？

A：他们想要我出唱片。他们说会把我的声音弄得好像在唱一样。

A：我喜欢你在《每日新闻》上的广告。我看了十五次。

最近有家公司表示想要买下我的“光环”。他们不想要我的产品。他们反复跟我说:“我们想要你的‘光环’。”到最后我也没能明白他们想要的到底是什么。但是他们出价很高，所以我就想，既然有人愿意花这么大价钱买我的光环，那么我应该试着弄清楚它到底是什么。

我认为“光环”是只有他人才能看到的东西，而且他们看到的“光环”的多少取决于他们想要看到多少。光环全要仰仗他人的目光。你只能在不太熟识或者完全不认识的人身上看到光环。有天晚上，我和我办公室的所有人一起外出吃饭。办公室的那帮孩子视我如草芥，因为他们认识我而且每天都看到我。但有个不知道是谁带过来的朋友从来没见过我，这孩子简直不敢相信自己在和我共进晚餐！其他所有人看到的都是我，只有他看到的是我的“光环”。

当你在街上看到某人时，他们真的可以头顶光环。可是等他们一开口，光环就消失了。“光环”可以持续到你开口。

最有声望的人是那些以自己的名字命名店铺的人。那些有着以自己的名字命名的大型百货公司的人是我会特别嫉妒的，比如马歇尔·菲尔德（Marshall Field）。[1]

但其实有名没那么重要。如果不是因为我有名，也就不会有人因为我是安迪·沃霍尔而朝我开枪。不过也许我会因为在军中服役而中枪，又或者我可能成了个肥胖的中小学老师。又有谁能说得准呢？

不过有名有个好处，那就是当你读那些大牌杂志的时候，里面讲到的人你都认识。一页又一页，每页上的故事，谈的都是你见过的人。我极为喜欢这样的阅读体验，而说到为什么要出名，这可谓最佳理由。

有关于新闻的归属问题，我感到颇为困惑。我一直都觉得如果你的名字出现在新闻里，那么媒体就应该给你钱。因为那是**你的新闻**，而他们却把它拿走了，拿它当作他们自己的产品卖钱。媒体总是说他们这是在帮你宣传，这倒也是实情；但话说回来，如果所有人都不给媒体他们的新闻，如果每个人都把他们的新闻攥在自己手里，那媒体不就没有新闻可报了吗？所以我想两方都应该给对方付

1　马歇尔·菲尔德（1834—1906）于1852年在芝加哥创办了同名百货公司，后发展为大型连锁企业；他还捐赠了用于创建芝加哥大学的土地。

钱。不过这事儿我还没有完全想清楚。

我读过的关于我的最糟糕、最残忍的报道是《时代》（*Time*）杂志就我遭枪击一事所做的评论。

我发现几乎所有的采访在做之前就已经定好了。在跟你对谈之前，他们就已经知道要怎么写你、已经知道他们该怎么看你了，访谈不过是给了他们一个机会，可以从这里那里找些只言片语和细节作为证据，填充到他们已然决定要写的话里去。如果你盲目地接受一个采访，那么你将绝对无法预料那个跟你讲话的人会写出什么样的文章来。最为友善、笑声不断的人可以写出最为刻薄的文章，而那些你觉得讨厌你的人可以写出最为风趣、最为友善的文章。辨识记者比辨识政客还要难。

每当有人写了一篇特别刻薄的报道，我总是就那么听之任之，因为你又有什么资格说文章讲的不是事实呢？

过去人们会说我试图“戏弄”媒体，他们指的是我会把一个版本的人生故事讲给一家报纸听，然后把另一个版本的讲给另一家报纸。我那会儿确实喜欢将不同的话讲给不同的杂志，这就像是给信息加上了追踪器，可以知晓人们是从哪儿得到的消息。以这种方式，我通过人们告诉我的“我的言论”，总是可以判断出他们读的是哪份报纸或杂志。有时，你的一个搞笑的讲法会在许多许多年之后再次出现在你面前，比如当一个采访者这样提问：“你曾说乐福雷克城（Lefrak City）[1] 是世界上最美的地方……”，你就知道他们看过你跟《建筑论坛》（*Architectural Forum*）做的访谈了。

有时，一篇在恰当的地方出现的恰当的报道可以让你备受瞩目好几个月乃至好几年。有那么十二年的时间，我每天都会去住处近旁的格瑞斯（Gristedes）超市。我会在货架间转来转去，找我需要的东西——这好比我的每日仪式，对此我十分享受。在十二年的时间里，我几乎每天都会去店里转一转。之后有一天，《纽约邮报》（*New York Post*）在首页上登了一幅莫妮克·凡·沃伦（Monique Van Vooren）[2]、鲁道夫·努列耶夫（Rudolf Nureyev）[3] 和我的彩色照片。等我再去店里的时候，所有的伙计都开始喊起来：“他来了！”要不就是“我就跟你说是他吧！”我再也不想去那家店了。而等我的照片上了《时代》杂志，我有一周都没法儿带我的狗去公园了，因为人们对着我指指点点。

直到一年前，我在意大利都还是个无名小卒。而在德国和英格兰，我大概算得上是号人物，而这也就是我不再

---

1 一个位于纽约市皇后区、由二十栋公寓楼及附属设施构成的住宅项目。

2 莫妮克·凡·沃伦（1927—2020），比利时裔美国女演员、舞者。

3 鲁道夫·努列耶夫（1938—1993），生于苏联、于1961年逃往西方的芭蕾舞者、编舞家。

去这些国家的原因。但在意大利，他们甚至都还拼不对我的名字。结果《男人时尚》（*L'Uomo Vogue*）[1] 从我们的一位超级明星那儿弄清了我名字的拼法。当时我们的这位超级明星和他们杂志的一位摄影师刚开始交往，他把我名字的正确拼法——我猜是在枕边谈话时，不过这不重要——泄露给了《男人时尚》，之后他还把我几部电影的片名和我画作的照片也都交代给了他们。结果一时间，我在意大利成了人们街谈巷议的热门话题。那天我在博伊萨诺（Boissano）——那是个非常小的市镇——河岸边的一家当地报摊前的露台上喝餐前酒，一个年轻小伙，还在上高中，走过来对我说："嗨，安迪，霍利·伍德劳恩 [2] 最近还好吗？"我很是震惊。他大概知道五个英文单词，而其中的四个是《肉体》（*Flesh*，1968）、《垃圾》（*Trash*）、《热》（*Heat*，1972）和达里桑德罗（Dallesandro）[3]，最后一个可能还不算数，因为达里桑德罗是个意大利姓。

1　《男人时尚》是《时尚》（*Vogue*）在意大利面向男性读者的版本。

2　霍利·伍德劳恩（1946—2015）是一位跨性别者（transgender），沃霍尔的超级明星，除了前文提到的《反叛的女人》，他还出演过电影《垃圾》（*Trash*，1970）。他同时是路·里德（Lou Reed）的大热单曲《走向狂野》（Walk on the Wild Side）中霍利的原型。

3　指乔·达里桑德罗（Joe Dallesandro，1948—　），沃霍尔的超级明星，演员。他出演了沃霍尔的《肉体》、沃霍尔身边人保罗·莫里西（Paul Morrissey）编导的《垃圾》以及沃霍尔的《热》等片。达里桑德罗被普遍视为美国地下电影界的性感偶像。

我一直都对谈话节目主持人很感兴趣。一个我认识的人跟我说，他可以从电视访谈中看出一个主持人来自哪里、上的什么样的学校、有何种宗教信仰，他仅仅从观察他们请哪些人来上节目以及他们问来宾什么样的问题就能看出这一切。我希望自己可以从电视上看出一个人的方方面面，可以看得出**他们的问题是什么**。你能想象吗，通过观看一档谈话节目而能立即知晓诸如此类的事情：

"这个人的问题是**他想成为一位美人**。"
"这个人的问题是**他憎恶有钱人**。"
"这个人的问题是**他硬不起来**。"
"这个人的问题是**他想要痛苦度日**。"
"这个人的问题是**他想要有头脑**。"

也许你还能弄明白：

"为什么迪娜·肖尔（Dinah Shore）[1] **什么问题都没有**。"

要是我能只看电视就知晓一个人眼睛的颜色，我也会很激动的，因为彩色电视在这个问题上仍然给不了你多少帮助。

1　迪娜·肖尔（1916—1994），美国歌手、女演员和电视明星。

有些人有电视魔法：当他们不在镜头前的时候，他们崩溃得四分五裂，但是镜头一旦对准他们，他们就变得完好无缺。他们上镜前不停地发抖、冷汗直流，他们在插播广告的时候不停地发抖、冷汗直流，他们在节目结束后不停地发抖、冷汗直流；但是当摄像机在拍他们的时候，他们泰然自若，看起来成竹在胸。摄像机控制着他们的开与关。

我从不会崩溃得四分五裂，因为我从不曾完好无缺。我就那么坐在那儿，心里不停地念叨："我要晕倒了，我要晕倒了，我知道我就要晕倒了。我是不是已经晕倒了？我就要晕倒了。"我每次上电视，都没办法思考他们问我的任何问题，我也没办法思考我将给出怎样的答语，我脑子里的念头就只是："这是直播吗？是直播？哦，那可好了，我要晕倒了。我跟这儿简直就是在等着自己晕倒。"以上就是我在直播的电视节目上露面时的意识流。要是录播的节目，那就不同了。

我以前总是以为，谈话节目的主持人和其他电视名人永远都不会了解像我这般紧张究竟是一种什么感觉，但之后我意识到，也许他们中的一些人实际上也有同样的问题，只不过版本不同而已——也许他们每时每刻都在想的是："我要搞砸了，我要搞砸了……东汉普敦（East Hampton）的夏日别墅要没有了……公园大道（Park Avenue）上的合作公寓（co-op）要没有了……桑拿要洗不成了……"不同之处在于，当他们在脑海里念叨着他们那一版本的“我要晕倒了”之时，他们仍然可以——凭借他们的电视魔法——将预先存储在某处的对白和材料滔滔不绝地讲出来。

有些人只要一“开动”就能开始表演。[1]“开动”对不同的人来说意味着不同的东西。有一次，我在电视上看到一位年轻演员上台领艾美奖。他走到台上去，立刻就开动了，他直接开始了他的表演，他说：“我想要在这里道谢，感谢我的太太——”，说到这儿，他略作停顿，演了个“意味深长的时刻”。看得出，他很是尽兴。我继而想到，对于一个要在人前才能“开动”的人来说，得到像艾美奖这样的奖项得是怎样的一个重大时刻啊。对这样的人来说，当他得到上台领奖的机会，他站在台上时一定**自我感觉良好**，他的心里会有一个声音冒出来：“我什么都能办得到，任何事都能，**任何事都能**！”

所以我想每个人都有能够让自己开动起来的时间和地点。

我要在什么地方才能开动起来呢？

我要在关闭时才能开动——我在上床睡觉的时候方才

1　这里延续上文“摄像机控制着他们的开与关”，就开关问题做进一步的探讨。

开动起来。上床睡觉是我总在等待的重大时刻。

我认为，好演员是涵括一切的记录者，因为他们可以模拟情绪、言语、样子和氛围，与录音、录像或者小说相比，他们能够涵括的范围更广。好演员可以用某种方式记录下完整的经验、人物和情景，之后当他们需要时，再把这些记录调取出来。他们可以用一句对白所应当被讲出的方式讲出那句对白来，而当他们讲的时候，又能做出他们讲那句对白时所该有的样子，因为他们此前在别处看到过这样的场景，他们将它记录、收纳了起来。所以他们知道对白该是怎样的，以及他们该以怎样的方式把对白讲出来，又或者隐忍不讲时该是什么样子。

我只能理解特别业余的演员或者特别差的演员，因为不管他们演什么都不能真的成功，所以他们的演出骗不了你。但我永远无法理解真正好的、专业的演员。

每一位我见过的专业演员在他们演出的每部戏里，都能在完全相同的时刻做完全相同的事情。他们知道观众何时会笑，何时会看得入迷。我喜欢的是次次不同的事物。这就是为什么我喜欢业余演员和不怎么样的演员，你总也说不准他们接下来会做什么。

过去，杰基·柯蒂斯会创作戏剧，然后在第二大道上演出。每晚他的戏都会有所改变——台词会变，甚至连剧情都会变，唯有戏的名字保持不变。如果两个人不是在同一天晚上看的他的戏，他们在谈起它时会发现，那两场演出没有什么是相同的。这些戏剧的演出是“处于演化之中的”，因为戏会一直变来变去。

我知道“专业”意味着进展迅速，而这是好的。人们会准点儿来——当然首先是说了来就一定会来，他们会把事情做好，他们会在调门儿上，他们会做他们该做的，不会出问题。你看他们的演出，他们看起来是如此自然，以至于你简直无法相信他们不是在自由发挥——他们的那句搞笑对白看上去完全是在他们说出口的那一刻才想到的嘛。但你要是第二天晚上再去看他们的演出，同一句搞笑对白会再次仿佛被他们临时想到一般地说出口。

如果哪天我要选角的话，我会挑一个不合适的人来演出。我永远无法想出一个合适的人是个什么样子。由一个合适的人来演一个合适的角色太过了。更何况，现实中根本不会有谁是全然适合某一角色的，因为戏里的角色永远都不是真实的；而如果你不能找到完全合适的人，找一位完全不合适的人也就是更能令人满意的安排了。因为这样你能明确地知道你真的找到了点儿什么。

不合适的人在我看来总是很合适。而且当你有很多人可以挑选而他们都很“好”的时候，要在他们之间做出区分是很难的，最简单的反而是选那个特别差的人。而我总是做最简单的事，因为如果它是最简单的，对我来说它通常也就是最好的。

有一次，我给某个音响拍广告。照理说我本可以装装样子，说出他们给我准备的、我自己绝不会以那种方式说的台词，但我就是办不到。

我在和伊丽莎白·泰勒（Elizabeth Taylor）[1]拍电影时扮演一位机场的工作人员，他们给我的台词是类似“我们走吧，我有个重要的约会”这种，但我总是说成“快点儿，姑娘们”。不过在意大利，他们给所有人做后期配音，所以不管你有什么没说，最后你都会说。

有一次，我和桑尼·利斯顿（Sonny Liston）[2]给一家航空公司拍广告。“既然拥有，何不炫耀！”我很享受说这句话，但他们后来给我重新配了音，却没有给他配。

有人说，只有在两种情况下，一位知名人士能给你留下深刻印象：要么你从小就知道他，要么你在碰到他之前的很长一段时间都知道他。这些人说如果你从未听说过某人，而在你与之碰面后，有人过来告诉你你刚才遇到的是——比如说——德国最富有、最知名的人，你将不会太在乎与他们碰过面，因为你本人不曾花过一丁点儿时间来就他们是多么地有名这件事想上一想。然而**我的感受却与**

---

1 伊丽莎白·泰勒（1932—2011），美国女演员，在人生不同时期有代表作多部，以《巴特菲尔德八号》（*Butterfield 8*，1960）和《灵欲春宵》（*Who's Afraid of Virginia Woolf?*，1966）两获奥斯卡最佳女主角奖。

2 桑尼·利斯顿（1932？—1970），美国职业拳击手，1962 年重量级世界冠军。

此相反：对于那些稀奇古怪的名人，我并不怎么在意，因为我一直以来都觉得他们是最容易碰到的人。最让我印象深刻的，是当我碰到我认为自己永远不会碰到的人的时候，那些我从未想过自己会在某天能和他们说说话的人。比如像凯特·史密斯（Kate Smith）[1]、莱西（Lassie）[2]、帕洛玛·毕加索（Paloma Picasso）的母亲[3]、尼克松（Nixon）、玛米·艾森豪威尔（Mamie Eisenhower）[4]、塔布·亨特（Tab Hunter）[5]和查理·卓别林（Charlie Chaplin）这些人。

我小时候总是一边在床上给涂色书上色，一边听广播上的《唱歌的姐姐》（*The Singing Lady*）节目[6]。然后1972年我在纽约参加一个派对，我被介绍给一位女士，他们说："她就是以前那档电台节目中的'唱歌的姐姐'。"我感到非常意外。我几乎无法相信我真的见到了她，我做梦都没

1　凯特·史密斯（1907—1986），美国歌手，女低音，有"广播界第一夫人"之名。她演唱的《天佑美国》（*God Bless America*）是这首歌最为知名的版本。

2　莱西是英国小说家埃里克·奈特（Eric Knight）在《莱西回家》（*Lassie Come-Home*）中创造的苏格兰牧羊犬形象。1943年，米高梅将小说搬上大银幕，片中扮演莱西的是一只名叫帕尔（Pal）的狗。在此之后，帕尔还以莱西之名有过许多演出，比如1954年开播的电视剧集《莱西》（*Lassie*）就由帕尔主演；而在之后的十九年里，帕尔的后代相继在这部电视剧中出演莱西。直到今天，帕尔的后代仍在出演莱西。沃霍尔这里提到的，应为帕尔的某一后代。

3　指弗朗索瓦丝·吉洛（Françoise Gilot，1921—2023），她和巴勃罗·毕加索育有两个孩子，其一为帕洛玛·毕加索。

4　玛米·艾森豪威尔（1896—1979），美国第三十四任总统艾森豪威尔的夫人。

5　塔布·亨特（1931—2018），美国电影演员，是五六十年代的万人迷。

6　《唱歌的姐姐》是艾琳·威克（Ireene Wicker，1905—1987）在三四十年代的一档电台节目，由家乐氏（Kellogg Company）赞助，宣传语称这档节目为全美第一档儿童电台节目。尽管节目名叫"唱歌的姐姐"，但其主要内容是由艾琳·威克给小孩儿讲故事。

想到自己有一天会见到她，我一直都觉得压根儿不会有机会见到她。见到你做梦都没想过会遇见的人，是一件完全出乎你意料的事，而你因为从未有过任何幻想，所以也就不会有任何失望。

有些人用他们的一生来惦念某个特定的名人。他们选定一个有名的人，从此念念不忘。他们将几乎全部的心思都用来想着这个他们甚至见都没见过——或者也许只见过一次——的人。随便问一个名人，问问他们会收到怎样的来信，你会发现几乎每个人都至少有一个迷恋着他们的人，持续不断地给他们写信。想到有人会将他们的全部时间都用来想你，难免会产生古怪的感觉。

疯疯癫癫的人总是在写信给我。这让我一直觉得我一定是被写在了某本疯子通讯录上。

我总是担心疯疯癫癫的人的行事方式，怕他们会在几年之后将做过的事重新再做一遍而根本不记得他们之前已经做过了——他们会觉得自己是在做一件全新的事。我在1968年被人开枪打了，所以那是1968年版。但之后我不得不考虑的一个问题是："会不会有人想要来一个朝我开枪的1970年代重制版？"这是另一种类型的狂热粉丝。

在电影的早期岁月，粉丝会对一个明星的**全部**全都极为崇拜——他们认定了一个明星，就会爱上那位明星的一切。今天的粉丝粉的程度各有不同。如今，粉丝只对明星的**部分**加以崇拜。人们会崇拜一个明星在某一领域的表现，而在另一领域里则会完全忽视他。一个摇滚巨星可能唱片几百万张几百万张地卖，但是如果他拍了一部不怎么样的电影，消息一旦传开，票房就别指望了。

“明星”开始有了一些新类型。运动员正在将自己打造为耀眼的新星。（当我看奥运这类比赛的时候，我总是在想：什么时候才能迎来纪录不再被打破的时候呢？如果有人能跑 2 秒 2，是不是说之后人们能跑 2 秒 1、2 秒 0、1 秒 9，直到 0 秒 0 呢？要到哪一点上，他们就不再破纪录了呢？到那时，他们是不是就得改时间或者改纪录了呢？）

现如今，即使你是个混蛋，你仍然可以被奉为上宾。你可以出书、上电视、接受访问——你是大名人，甚至没人会因为你是个混蛋而看不起你。你仍然可以举足轻重。因为比起任何东西来，人们都更想要明星。

好的 b.o. 意为好的票房（box office）。[1] 你在一英里之外就能闻到味儿。你越是就票房讲个不停，味儿就越大，味儿越大，你就越能得到高票房。

为了一大笔钱而工作可能会让你将自我形象抛到一边。我过去为杂志画鞋子插画时，是按件计酬，每画一只鞋都能得到一定量的钱，所以我会数我画了多少只鞋来计算我将得到多少钱。我靠着鞋子插画的数量维持生计，我数一下数，就知道自己有多少钱。

模特有时会非常无礼。因为他们按小时计酬，每天八小时；等他们回了家，他们仍然觉得应该有人给他们钱。电影明星毫无来由地就能挣到几百万，所以要是有人请他们做事而一分钱报酬都没有的话，他们就会发狂——他们认为哪怕是和杂货店里的人说上几句话，也应该给他们每小时五十美元才对。

所以你永远应该有一样产品，而那产品不能仅仅是“你”。女演员应该计算一下她戏剧和电影的数量，模特应该计算一下她的照片，作家应该计算他写出的字数，艺术家应该计算他的画作，这样你总是能确切地知道自己的价

1　b.o. 最常用为 body odor（不良的体味、体臭）的缩写，同时票房（box office）也可以缩写为 b.o.。体臭当然不可能是好的，所以沃霍尔在一开始就说我这里说的好的 b.o. 是指出色的票房成绩，但接下来他又将营销和出汗相类比，指出两者的共通之处。

值，而不用陷在僵局里，想着你的产品是你、你的名气，还有你的光环。

6

工作

B：医院真是令人难以置信的地方。

A：在我垂死之际，还不得不往支票上签名字。

在我中枪之前，我总是觉得自己并非全然地存在——我总是怀疑自己是在看电视而不是真的在生活着。人们有时会说电影里的事情是不真实的，但实际上，生活里的事情才不真实呢。电影可以让情绪看起来格外强烈而真实，而在生活之中，当事情真的落在你头上，却好像是在看电视——你什么都感觉不到。

从我被枪击中的那一刻开始，我就知道我是在看电视。频道换来换去，但都不过是在看电视。当你真的真的被裹挟于某事之中，你心里通常会想着别的事。当一件事正在发生之时，你会幻想其他的事。当我从昏迷中醒来——我不知道我是在医院里，而博比·肯尼迪[1]在我中枪后的第二天也遭遇了枪击——我听到幻声，说有数千人正在圣帕特里克大教堂祈祷，之后我听到“肯尼迪”这个名字，这让我一下子回到了电视世界，因为我在那一刻意

1　博比·肯尼迪（Bobby Kennedy，1925—1968），即罗伯特·肯尼迪，是第三十五任美国总统约翰·肯尼迪的弟弟，纽约州参议员。他在 1968 年遇刺身亡时是民主党内声望极高的总统候选人提名人选。

识到，我确确实实躺在那里，在剧痛之中。

说回来，我是在我做生意的地方——安迪·沃霍尔企业——被人开了几枪的。1968年那会儿，安迪·沃霍尔企业的构成是这样的：以基本固定的频率来我这里工作的一些人，忙活特定项目的一大批你可以称为自由职业者的人，此外还有许多“超级明星”（superstars）、“特级明星”（hyperstars）或者随便你怎么称呼的一批人，他们极富天才，只是他们的那些天赋之才很难加以定义，而且几乎无法在市场上出售。这就是那时安迪·沃霍尔企业的“员工”概况。曾有一位采访者问了我许多关于我如何经营公司的问题，我试着跟他解释说，其实不是我经营公司，而是公司使唤我。我用了许多诸如“赚钱养家”这类的说法，所以他没能真的听懂我在说什么。

我在医院的那些日子，公司的“员工”仍在继续做事，这让我意识到我真的拥有一档充满活力的生意，因为没有我它仍在运行着。意识到这一点让我很高兴，因为那会儿我已经认定“生意”是最好的艺术。

生意艺术（business art）是我在艺术之后的下一步。我是以商业艺术家[1]的身份起步的，而我希望自己能以生意艺术家（business artist）的身份落幕。在我做了那个被叫作“艺术”或者随便叫什么的东西之后，我踏入生意艺

1　平面设计师（graphic designer）是一个相对后起的称谓。在安迪·沃霍尔初入纽约、四处找寻工作的年代，画插画、做平面设计的人，通常被称为商业艺术家（commercial artist）。

术的领域。我想要成为一位艺术生意人或是生意艺术家。把生意做好是最迷人的艺术。在嬉皮盛行的年代里，人们对做生意这件事是瞧不上的——他们会说“钱是不好的”或者“工作是不好的”；但挣钱是艺术，工作是艺术，好的生意是最好的艺术。

起初，安迪·沃霍尔企业并非每件事情都能安排得很好。那时我们和一个戏院达成了协议，每周向他们提供一部影片来做放映，我们也由此从艺术世界直接进入了生意世界。我们的电影制作变得商业化起来，我们从拍短片变成拍长片再到拍剧情长片。我们学习了一点点有关发行的事宜，并且很快开始尝试自己来发行我们的电影，但我们发现那实在是太难了。我并没有期待我们的电影能带来多大的商业利益。艺术汇入商业的河流，涌向真实的世界，光是这件事本身就已经足够了。能够在真实的世界里、在大戏院的银幕上看到我们的电影，而非让它们滞留在艺术世界，这样的成就已然使人陶醉。生意艺术。艺术生意。生意艺术的生意。

我总是喜欢在剩余物（leftovers）上展开工作，使用别人剩下来的东西。那些被丢弃的、那些所有人都觉得不怎么样的东西，我总是觉得蕴藏着巨大的潜力，可以很好笑。有一次，我在看一部埃丝特·威廉斯（Esther

Williams）[1]的老电影，电影中有一场戏是一百个女孩儿从她们的秋千上跳下来。我先是想象了一下试镜的情景会是个什么样子，继而又想到那些可能因为有个女孩儿该跳的时候没能鼓起勇气跳而作废了的拍摄，我想象着就剩她一个人在秋千上的样子。那场戏的那次拍摄会被丢弃在剪辑室的地板上——一段剪余片，而那个女孩儿恐怕也成了被丢弃之物——她大概被炒了鱿鱼，所以整个情景比起一切全都顺利进行的真正的情景要来得更为有趣，而那位没从秋千上跳下来的女孩儿在那段剪余片里是真正的主角。

我并不是在说大众的品味不佳，所以被不佳的品味所舍弃的就是好的。我的意思是说，那些被丢弃的大概确实不怎么样，但如果你能把它捡起来，把它变好或者至少变得有趣，那么你就比较没那么浪费。你是在将东西回收再利用，你是在将人回收再利用，你是在拿其他人生意的副产品来做自己的生意。而且说起来，其他那些生意还都是你的**直接竞争**对手呢。所以这实在是一种非常经济的操作。此外这还是最为搞笑的操作，因为就像我上面说的，剩余物本就是很好笑的。

在纽约生活给了人们充分的理由去想要没有人会想要的东西，去想要所有的那些剩余物。这儿有太多的人和你竞争了，如果你想要得到点儿什么，那么改变你的品味，

1　埃丝特·威廉斯（1921—2013），美国竞技游泳运动员，后被米高梅发掘，出演了一系列大获成功的水上歌舞片，代表作有《出水芙蓉》（*Bathing Beauty*，1944）等。

去欣赏那些其他人不想要的吧，这是你唯一的希望了。比方说吧，在纽约，在太阳朗照的美好日子里，街面上的人多到你甚至都无法透过层层人群看见中央公园。但是在大雨倾盆而下的周日清晨，情况就不同了。那时没人想要起床，而且就算起了也没人想要出门。这时你可以出门，四下里漫步，整座城市都是你的——实在太美好。

我们那时拍剧情长片，没钱把一场戏拍上几千条然后再选再剪，所以我就试着简化了电影制作流程——我们那会儿的电影把拍的每一条片子都用上了，因为这样更便宜，更简单，也更有趣。而且这样我们自己就不产出任何剩余物了。到了 1969 年，我们开始在自己的电影里用到剪辑，但即使是那些电影，我也仍然最爱那些没有用上的素材。所有那些剪余片都棒极了。我小心翼翼地把它们妥善收好。

我在两件事上偏离了我使用剩余物的哲学：一是我的宠物，一是我的食物。

按理说我应该去动物收容所领养一只狗回来做宠物，但我没有，我买了一只狗。事情就那样发生了：我看到他，爱上了他，买下了他。就这样，我的情绪让我弃我的哲学于不顾。

此外，我也必须承认，我受不了吃剩饭。在食物上，我极尽奢侈。我实实在在地宠溺自己，但之后为了让良心稍安，我会小心翼翼地将剩饭包好，带到公司去，或者放到大街上，以便物尽其用。我的良心让我无法接受把任何东西扔掉，哪怕是我自己不想要的东西。而就像我说的，我在食物上特别宠溺自己，所以我的剩饭也常是大餐——我美发师的猫至少一周会吃上两次鹅肝。我吃剩下的通常是肉，因为我会买上一大块肉，烹煮了来当晚餐，然后就在最后一刻，我会溃败下来，吃我本来想吃的东西——面包和果酱。我烹煮动物蛋白的一系列动作完全是在拿自己寻开心，我真正想吃的从来都只是**糖**，其他的一切全都不过是装装样子。这么说吧，你没法儿请一位大小姐去吃晚餐而就点一块儿曲奇作头盘，甭管你是多么渴望来上一块儿。人人都认为你该摄取一些动物蛋白，而你呢，只管照做就是了，免得他们说东道西。（如果你决定固执己见，点曲奇作晚餐，你将不得不解释为什么想吃曲奇，并且免不了要把你吃曲奇作晚餐的哲学谈讲一番，而那样就实在是太过麻烦了。所以你点上一块儿羊排，忘掉你真正想要的。）

1964 年我开始做录音。我现在试着想要记起当时是在怎样的背景下我开始做录音的。我记得我录了谁，但不记得我那天为什么带着个录音机四处转悠了，实际上我甚至都不记得我为什么会买了一台录音机。我想一切都缘起于我想要试着做一本书。那会儿我的一个朋友写了一张便条给我，说我们认识的每个人都在写书，这让我也想要写上一本，以便跟上大家的步伐。所以我买了那台录音机，录了我那会儿认识的最有意思的人——昂迪恩，录了一整天。我那时对于这些我新认识的人很感好奇，他们可以一连几周不睡觉。我心想："这些人可真有想象力。我想要了解他们都做些什么，他们为什么这么有想象力和创造力，总是说个不停，总是很忙碌，总是精力充沛……为什么他们能熬夜熬到那么晚而一点儿都不累。"就这样，一晃四天过去了。我一开始是打算一天一宿不睡觉把昂迪恩录下来的，他是我认识的最能说、精力最充沛的人。但录到一半我累了，所以我不得不又用了几天才把二十四小时中剩下的部分录完。所以实际上，我的小说《A》货不对版，宣传时我们说这是一部二十四小时一刻不停录制而成的"小说"，但实际上它是分了几次在不同的场合下录完的。因为用的是小型卡带，所以录了有二十盘。就在那时，恰好几个孩子到工作室来问是否可以做些工作，所以我就让他们根据录音把我这部小说誊录出来，他们花了一年半的时间才把一大的内容打完！现在想起来这实在是有点儿不可思议，因为如果他们稍微像点儿样子的话，一周就应该做完的；但那会儿我不懂。我有时会向他们投以钦佩的目光，因为他们使我确信打字是这个世界上进展最缓慢、过程最痛苦的工作了。现在我意识到我赶上了别人不要的打字员——打字员中的剩余物，但那时我对此并无了解。也许他们只是喜欢待在我们那儿，待在那些在我们的工作室闲晃的人身边。

另一件我不明白的事，是那些从来不睡觉的人。他们会宣布道:“啊，我已经九天没睡了，这感觉实在太棒了！”所以我心想:“也许是时候拍一部某人彻夜睡觉的电影了。”但我只有一台一次只能拍三分钟的摄像机，所以我不得不每三分钟就停下来换胶片以便再拍三分钟。我用了慢镜头来拍，以便补足我换胶片时漏掉的部分，此外我们用了更慢的帧速来放，以弥补我没拍的部分。

我想我对“工作”有着非常宽泛的理解，因为我认为仅仅是活着就已经是相当沉重的工作了，而且有时你还未必想去做。出生就好像是被绑架，然后被卖去为奴。人们每分每秒都在做工。机体总是在运转，甚至你睡觉的时候也不停歇。

我曾做过的在精神上最为困难的工作是出庭接受一位律师的羞辱。你在证人席上的时候，能够依靠的就真的只剩你自己了，你的朋友没法儿帮你，一切都很安静，除了你和那位律师，那律师在羞辱你，你则不得不由着他那样做。

在我从事商业艺术的时候，我相当喜爱我的工作——人们告诉你该做什么以及该怎样做，而你要做的就只是按照他们的意见来修改，然后他们会说行或者不行。要是你得完全仰赖自己想出那些毫无品味可言的方案来的话，那才真叫难呢。当我考虑自己要是雇人，会最想雇个什么样的人的时候，我想我会雇个老板——一个可以告诉我该做什么的老板，因为那样你工作起来就容易多了。

除非你的工作是必须按照他人的命令来做事的那种，否则真正够格做你老板的“人”是一台特地为你编制了程序的电脑，它在发出指令时会考虑你的经济状况、你的成见、你的怪癖、你的创意潜能、你的坏脾气、你的天纵之才、你个性中的矛盾之处、你想以多快的速度成长、你有多爱竞争、你爱的是什么样的竞争、你必须履约的那日清晨该用何种早餐、你嫉妒哪些人等等等等。许多人都可以在我生意的这里或那里给予帮助，但唯有电脑能够完完全全地帮到我。

如果我有一台特别棒的电脑的话，我将可以利用周末的时间，追赶上我自己思想的步伐——如果我在某一刻落在了我自己后面的话。一台电脑将是一位非常够格的老板。

有一件我眼下应该做却没有做的事，就是多见一见科学人士。我认为最好的社交晚宴该是要求每一位宾客都带一条科学新闻和他一同出席的那种。这样你就不会在餐后感到你将时间浪费在了仅仅是用食物填饱肚子、维持机体运转之上。不过不要关于疾病的新闻。只要纯粹的科学新闻。

人们通过邮件给我寄来了太多的礼物，但我希望能收到用我看得懂的语言写的科学邮件，而非所有这些礼物和艺术邮件。要是此事能成真，我会重新想要看邮件的。

当我为生意上的项目工作时，我随时准备着会有坏事发生。我总是想着这单生意会以可能的最坏的方式彻底搞砸。不过，我猜我不该这样担忧。如果有事情要发生，它会发生，而你无法使它发生。而且除非你已经不在意它是否会发生了，不然它是绝不会发生的。我的一位做演员的女性朋友跟我说，待到她不再想要钱也不再想要珠宝之后，她得到了钱和珠宝。我想事情总是以这样的方式发生，对我们来说乃是好事，因为当你停止了对某物的欲求之后，拥有它们也就不至于让你发狂了。你停止欲求它们的时候，也就是你可以顺顺当当地掌握它们的时候。又或者你在欲求某一事物之前就得到了它，那样也是可以的；但绝不能是在你极度的渴求之中。如果你在特别想要某事某物的时候得到了它，你就疯了。如果你特别想要的东西就在你的股掌之间，所有的一切都会以扭曲的面貌出现的。

仅次于活着的第二艰辛的工作是性爱。当然，对有些人来说，性爱算不上是工作，因为他们需要这项运动，而且他们也有从事性爱的活力——性爱甚至给了他们更多的活力。有人从性爱之中**得到**力量，有人在性爱之中**失去**力量。就我个人而言，性爱是项繁重的工作。但如果你有这个时间，而且你需要这项运动，那么你就应该去做。但是不管怎样，如果你能事先弄清楚你是从性爱之中得到力量的那种人还是失去力量的那种人，你就能避免很多麻烦。而就像我刚刚说的，我是在性爱之中失去力量的那种人。但当我看到人们为了得到性爱而四下里奔忙时，我是可以理解的。

一个有魅力的人不跟别人发生关系，和一个没有魅力的人去跟别人发生关系，两者可谓同样费力的工作。所以如果有魅力的人碰巧是从性爱中得到力量的人，而没有魅力的人刚好是从性爱中失去力量的人，那是大有好处的。因为这样的话，他们各自的需求将和人们驱策他们的方向相一致。

性爱而外，以某一性别而存在同样是一项困难的工作。我总是在想，一个男人做一个男人，一个男人做一个女人，一个女人做一个女人，又或是一个女人做一个男人，这四种情况哪种更难呢？我并不真的知晓答案，但以我观察到的各种情况而言，我认为最辛苦的是那些想要成为女人的男人。他们要做双倍的工。他们什么事都要做双份：他们要考虑刮毛还是不刮毛，精心打扮还是不精心打扮，买男人的衣服也要买女人的衣服。我猜尝试另一种性别是件有意思的事，但只做你自己的性别也足以激动人心了。

当我的一个朋友说出“性冷淡的人往往事业有成”时，他可谓一语中的。对性事冷淡的人没有那些一般人会有的情感问题，许多人正是被那些问题拖住了脚步而无法成功。在我二十来岁、刚刚走出校门的年月里，我知道自己对于性事并没有冷淡到可以不让那些问题妨碍我的工作。

我认为年轻人比年纪大的人有着更多的问题，我曾希望自己可以活到足够老，这样我就不会为那些年轻人的问题所困扰了。后来有一天，我看了看身边的人，发现所有那些看起来年轻的人都有着年轻的问题，而所有那些看起来年老的都有着年老的问题。那些“老”问题在我看来要比那些“年轻”问题更容易应付。所以我决定把头发染成灰白色，这样就没人知道我到底多大年纪了，而且我看起来会比他们**所以为的**更年轻。把头发染成灰白色将让我得到很多：一、我将拥有那些老人家的问题，而比起年轻人的问题来，老人家的问题应付起来要容易得多；二、所有人都将有感于我看起来是多么地年轻；三、我将不再负有扮演年轻人的义务，我可以偶尔行事古怪或是显出老态，而由于我灰白的头发，将不会有谁觉得这有何不妥。当你一头银发，你的一举一动都会显得“年轻”而“有活力”，而非仅仅是寻常的举手投足而已。这就好比忽然间你有了一项新技能一般。所以我在大概二十三四岁的时候就把头发染成了灰白色。

说到与我共事的伙伴，我希望是个可以在一定程度上误解我想要做什么的人。不是彻头彻尾的误解，而是这里那里有上些许的误解。当一个人并没有完全明白你想要他们怎么做，或者当他们没太听清楚你跟他们讲的话，又或者需要誊录的磁带音质不佳，再或者他们在工作中加入了自己的幻想，最后的结果往往比我最初的设想要更令我喜欢。还有就是，如果你把一个误解了你的人做出来的东西交给另一个人，让他按照他所理解的你所想要的来做些改进，也是很不错的。如果人们从不误解你，如果他们完全照你吩咐的去做，他们不过只是你的想法的传导器，对此你会感到厌烦的。但当你与误解你的人共事之时，你得到的不是**传导**，而是**变异**，而长期来看这要有趣得多了。

我喜欢为我工作的人对事物有自己的看法，这样他们就不至于让我感到厌烦；但同时我又希望他们足够地像我，这样我才不至于感到孤单。我喜欢有人给我掖被角，但我不喜欢被人掖到墙角。

我觉得他们现在应该在大学里开一门课给女佣，当然要起上一个光鲜的名字。除非给一份工作起一个光鲜的名字，否则人们不会想要做的。“美国”这个概念在理论上好极了，因为我们消灭了女佣和门房，只不过呢，这些事情还是得有人做。我一直都觉得即使是极有头脑之人，也能从当女佣中学到很多东西，因为他们将会见到非常多有意思的人，而且会在最漂亮的房子里工作。我是说，每个人都在为其他人做些什么——你的鞋匠为你制鞋，而你则为他提供娱乐——人们总是处在交换关系之中，如果不是因为我们给一些工作贴上了“不体面”的标签，那么交换将总是平等的。母亲总是经常为她们的孩子做事，所以从街面上过来个人为你做事又有何不妥呢？但就是老有不打扫卫生的人觉得他们比打扫卫生的人高上一等。

我一直都觉得在帮助改善职业形象这件事上，总统可以做很多工作。试想如果总统走进国会大厦的一间公共厕所，电视镜头对着他，他边刷马桶边说：“有何不可？总得有人做嘛！”那将怎样地提振做着清扫厕所这种极好的工作的人的士气啊！我的意思是说，他们做的是极好的事情。

总统在宣传上的潜能有许多都尚未加以利用。改天他真该坐下来列个单子，写出所有那些人们不好意思做但不该不好意思做的事，之后在电视上全都做一遍。

有时 B 和我会幻想如果我是总统，我会做些什么——我会怎样利用我的电视时间。

空姐在公众那里有着最棒的职业形象——空中女主人。但她们的工作实际上和比克福德餐厅（Bickford's）[1] 的女招待没什么区别，不过是多了一些附加的责任。我不是想贬低空姐，我只是想抬高餐厅女招待。二者的差别就在于空姐是一项**新世界**的工作，无须和**旧世界**农奴贵族截然二分综合征所遗留下来的阶级污名做斗争。

美国了不起的地方在于它开创了一个传统：最富有的消费者和最贫穷的消费者基本上买的是同样的东西。你看电视，看到可口可乐，你知道总统喝可乐，伊丽莎白·泰勒喝可乐，而你想上一想，你也可以喝可乐。可乐就是可乐，花多少钱也买不到比街角的流浪汉正在喝的可乐更好的可乐。所有的可乐都一样，所有的可乐都很好喝。伊丽莎白·泰勒知道，总统知道，流浪汉知道，你也知道。

过去在欧洲，皇室和贵族比农奴吃的要好得多——他们吃的根本就不是一样的东西。或吃鹧鸪，或喝粥，每个阶级都只吃自己阶级的食物。但是当伊丽莎白女王访美之时，艾森豪威尔总统给她买了个热狗，我十分肯定他确信即使是女王也没法叫人给白金汉宫送上一份比他花二十美分在棒球场为她买的热狗更好的热狗。因为这世上就没有比棒球场的热狗更好的热狗。一美元买不到，十美元买不

1　比克福德是一家食堂式（cafeteria-style）的平价连锁餐厅，创始于 1921 年。

到，就算女王花上十万美元也买不到一个更好的热狗。她可以花上二十美分买个热狗，而其他所有人也都可以。

有时你会幻想高高在上的有钱人的高大上的生活，幻想他们有你所没有的，幻想他们有的东西一定比你的好，因为他们比你有钱。但他们喝着和你一样的可乐，吃着一样的热狗，穿一样由国际服装女工工会（ILGWU）生产的衣服，看一样的电视节目和一样的电影。有钱人也看不到更为傻里傻气的《问答或后果》（*Truth or Consequences*）[1]，或是更为恐怖的《驱魔人》（*The Exorcist*）。你可以像他们一样被恶心到——你们会做同样的噩梦。所有这一切都非常美国。

“美国”这个概念实在是很美妙，因为一样东西越是平等，它就越是美国。比如说，如果你是名人，许多地方都会对你另眼相待，但这并不真的美国。有一天，有个**特别**美国的情况发生在了我的身上。我打算去一场在帕克－贝尼特（Parke-Bernet）[2]举行的拍卖，但他们不让我进，因为我带着狗，所以我不得不在大厅里等我本来要见的朋友，告诉他我被拒之门外了。而当我在大厅里等待之时，好多人过来找我要签名。这实在是一个非常美国的情景了。（顺带说一句，如果你是名人，有时遭遇的是反向的

1　一档电视问答游戏节目，1950 年开播，一直持续到 1988 年。节目参与者需要回答主持人的问题，如果答错就要承担“后果”——接受各种各样的惩罚。

2　帕克－贝尼特画廊（Parke-Bernet Galleries）是一家美国的拍卖行。1937 年成立，1964 年被苏富比收购时，是全美最大的拍卖行。它的总部大楼位于纽约麦迪逊大道 980 号。

“另眼相待”。有时人们就因为我是安迪·沃霍尔而对我相当不友善。）

如果有可能，你应该按照和一个人的才能或工作最为匹配的考量方式向他们支付报酬。一个作家可能会希望你按照字数、按照页数、按照读者放声大哭或者放声大笑的次数、按照章节、按照书中所含有的新想法的数量、按照出书的本数，又或者是按照年头来付钱——我这只是随便说一些可能的计酬方式。一位导演可能会希望你按照影片的数量付钱给他，或是按照胶片的长短，又或是按照雪佛兰出现在镜头里的次数。

我还在想有关女佣的事。这真的和你是怎样被带大的有关。有些人就是不会对有人替他们打扫卫生这件事感到尴尬，而我呢，尽管嘴上说着什么做女佣和做其他工作没什么不同——因为我知道，做女佣确实**不应该**被认为和做其他工作有什么不同——然而，不知怎的，在我的内心深处，想到有人跟在我后头替我打扫卫生，我就是会发窘。如果我真的可以在想到女佣时和想到比如说牙医这种职业时，表现得完全一样，那么我就不该觉得让女佣替我打扫卫生比让牙医替我看牙更尴尬。（实际上，举牙医为例不是太好，因为我**确实**会对让牙医替我看牙感到尴尬，特别是当我脸上全是痘痘，还得坐在那些绿色的检查灯下的时候。但我还是坚持用牙医这个例子，因为让人替我清洁牙齿的尴尬，远远比不上有人在我身边为我清扫房间的尴尬。）

我只有住在欧洲的旅店或是在别人家做客时，才会遭遇如何面对女佣的问题。当你和一个女佣面对面的时候，实在是太尴尬了；我从来就没能成功应对过。我认识的有些人可以很轻松地直视女佣，他们甚至能告诉她该做些什么，但我就是应付不来。当我入住旅店的时候，我发现自己会尽量在房间待上一整天，这样女佣就没法进房来了。对此，我可是特别地留心、特别地在意的。因为我真是不知道当她们打扫卫生的时候，我眼睛该放在哪儿、该看点儿什么，又或者我该干点儿什么。实际上，要让我说，避开女佣可是一件相当累人的工作。

我儿时从未幻想过自己要有一个女佣，我幻想的是能有糖果。而随着我的成长，这一幻想变为“赚钱买糖果”，因为当你年岁日长，你的幻想当然也就会变得更为现实起来。之后，在我第三次精神崩溃而仍然没有富余的糖果之时，我的事业开始有了起色，而我也开始拥有越来越多的糖果。现如今，我有整整一屋子糖果，都装在购物袋里。所以现在我想起这整件事来，就是我的成功给了我一间糖果房而非一间佣人房。就像我说的，一切都取决于你儿时的幻想，那决定了你能否直视女佣。因为我曾经的幻想，如今我直视起好时巧克力来，要轻松惬意得多了。

有钱也并不能怎样，这实在有些奇怪。你带三个人去饭店吃饭，花上三百美元。好。现在，你还是带那三个人，去一家街边的店——街头小店——在那儿吃上一餐。你们和在大饭店里吃得一样饱——实际上，更饱——而这一餐不过花上你十五或二十美元，而且你们吃的还基本上是同样的东西。

有一天我在想，如果你想在今日的美国获得成功，你需要做些什么。以前，你需要为人可靠，再穿一身好西装。环顾四周，我猜如今要想获得成功，你还是得做同样的事情，只是不要穿好西装。我想事情就是这样：考虑问题要像有钱人，看起来要像穷人。

7

时间

A：我总是会想到那些建造了房子而如今已经不在了的人，又或是电影中人头攒动的场景——如今所有人都已经死了。这实在是很骇人。

我试着思考时间是什么，而我所能想到的就只是……“时光一去不再有。”

人们会说“我手头的时间”，嗯，我看了看我的手头，看到许多掌纹。有人跟我说，有些人没有掌纹，我不信她的话。当时我们在一间餐厅里，她说：“你这人啊……看那边的那个侍应生！”她叫他过来：“亲爱的，亲爱的！能给我倒杯水吗？”他端水过来的时候，她一把抓住他的手，展示给我看，确实没有掌纹！只有三条最主要的线。她说：“看到了吧！我就跟你说嘛。有些人就和这侍应生一样，是没有掌纹的。”我心里想：“啧啧，我真希望自己是个侍应生。”

如果你的掌纹是皱纹，那一定是你的手掌烦心事太多了。

有时你受邀出席盛大的舞会，几个月的时间里，你一心想的都是舞会将是多么华丽、多么激动人心。之后你飞赴欧洲，去了舞会；几个月后回想起来，你记得的也许是前往舞会时的车程，至于舞会则完全记不得了。有时，在其发生之时你全然不当回事的短小时光，最终却成了你人生某个阶段的标志。我应该在几个月的时间里都幻想去舞会时搭的车，还有为那段车程所做的精心打扮，以及买票前往欧洲以便能搭上那趟车。这样说不定我记住的就是那场舞会了，谁知道呢。

有些人在决定老去之后，就全然照着老人家的样子来行事了。但是在他们二十岁的时候，他们是按照二十岁的方式行事的。还有另一种人，他们一辈子看起来都像是二十岁。看到电影明星是很可以激动人心的——因为他们在这方面比大多数人都更投入——他们在自己的美貌上下功夫，他们仍然活力四射，因为他们还在以他们年轻的自我行事。

既然人们现在注定会活得更久、活到更大年纪，那么他们也就必须要学会如何更长久地做小孩儿。我认为这就是现在正在发生的事。我认识的一些孩子就在更长久地做小孩儿。

有一次我在巴黎的街上站着，一位老妇人盯着我瞧。我心想:“她大概是英国人，所以才盯着我瞧。”我会有这个想法是因为英国人总是认得我，因为伦敦的一档搞砸了的电视节目里刚好有我。于是我往另一侧偏了偏头，而她开口了:“你不是安迪吗？”我说是。她说:“二十八年零六个月前，你到我普罗文斯镇（Provincetown）[1]的家里来过。那时你戴着一顶遮阳帽。你不记得我了，但我不会忘记戴遮阳帽的你。你瞧，你完全不能晒太阳。”我完全不记得了，而她却连年月都记得，这实在太古怪了。因为她甚至都不用停下来算一下就能说出“二十八年零六个月”，这意味着她一直都在心里计数着，类似于“嗯，头戴太阳帽的他离开我这里，已经十九年过去了”。这实在是太怪异了。而她的丈夫当时也在，他们就事情到底过去了多久彼此意见不一。他说:“不对不对，我们那会儿还没结婚，记得吗？所以一定是二十六年零九个月前的事。”

有人说巴黎比纽约更具美感。其实吧，你在纽约主要是没有时间感受美，因为到下城就要花上半天，剩下半天就只够返回上城了。

1　普罗文斯镇是马萨诸塞州的避暑胜地。

有时你会在街上遇到你有挺久——比如说，五年——都没见的人，而你们也并不就有什么特别的反应。你们在见到彼此时甚至都不放慢脚步，这种情况是最好的。你们谁也不问“这么些年你都在忙什么呢？”——你们不试图了解彼此的近况。也许你会提一嘴你正要去第八街买蛋奶冰淇淋，或者他们会跟你说一声他们正要去看哪场电影，但也就到此为止了。只是相当随意地交谈上一两句。非常轻松、随意、漫不经心，非常地美国。没有人受到搅扰，没有人的计划被打乱，没有人大呼小叫，也没有人放慢脚步。这样的情况是最好的。而要是有人问起你关于某某的近况，你也只是这样作答:“哦，我那天在第五十三街看到他在喝奶昔。”别弄得好久不见就好像有什么不一样似的，就当一切不过是在昨天。

我认为我体内缺少某些化学物质，而这也造成了我更倾向于做个妈妈的乖孩子。一个……娘娘腔。不，还是“妈妈的乖孩子”比较准确。一个“黄油男孩儿”。我认为我缺少一些能激发责任感的化学物质和一些让人可以从事生殖活动的化学物质。如果我有这些的话，我大概会多考虑考虑以正确的方式长大，结上四次婚，有一个家——老婆、孩子和狗。我眼下是个不成熟的人，但也许我体内的化学物质会起变化，而我也会成熟起来。我会开始长皱纹并且不再使用我的翅膀。

人们总是说时间会改变事物，但实际上你得靠自己来改变它。

有时人们被同一个问题所困扰，一连数年都过得很不好，其实他们本可以说上一句“那又怎么样呢”就完事了的。这是我最爱说的一句话：“那又怎么样呢。”

“我妈不爱我。”那又怎么样呢。

“我老公不肯上我。”那又怎么样呢。

“我事业有成，但却仍然孤身一人。”那又怎么样呢。

我不知道自己在懂得这个诀窍之前的那些年是怎么过来的。我花了很长时间才学会它，但是一旦掌握，你就永远不会忘记了。

是什么使人们本可以高高兴兴的，但却在忧伤中度日呢？我在远东的时候，有一次顺着一条小路走，经过了一个盛大而欢乐的派对，但实际上他们在用火烧死一个人。他们开着派对，大家都很高兴，又是唱又是跳。

又有一次，我在波威（Bowery），有人从廉价旅馆的窗户跳出来，摔死了。人群围了上去，就在这时，有个流浪汉摇摇晃晃地走过来说：“你看到街对面的那场喜剧了吗？”

我不是说有人死的时候你应该感到高兴，我只是说，看到一个又一个证明你并不**非得**对死亡感到悲伤的事例，是种古怪而又有趣的经历。一切都取决于你对死亡的含义是如何理解的，取决于你如何看待你对死亡含义的理解。

一个人可以哭，也可以笑。当你哭的时候，你其实是可以笑的，永远如此，如何选择在你。疯子最知道这一点，因为他们想什么是什么。所以你也可以利用你头脑的灵活，让它为你工作。你自己来决定你想要做的事情，你自己来决定如何度过你的时光。不过，要记得，我认为我缺少一些化学物质，所以比起一个体内有着特别多的能激发责任感的化学物质的人来说，由着自己的心意来做事对我而言更容易，不过这一原则仍然可以在很多情况下都行得通。

在我的最后时刻，当我死的时候，我不想留下任何剩余物。而且我也不想成为剩余物。我这周看电视的时候，看到一位女士进入一台射线机器中消失了。这实在是太美妙了，因为物质是能量，而她就那样散射掉了。这可以成为一项非常美国的发明，一项最棒的美国发明——让人可以消失。我是说，这样的话，人们不能说你死了，人们不能说你被谋杀了，人们也不能说你为了某人自杀了。

在你的最后时刻之后所能发生的最糟糕的事，是你被施以防腐处理，搁到金字塔里去。一想到古埃及人将内脏逐一取出，再放进它们各自的容器里去做防腐处理，我就恶心得想吐。我希望我的机体可以消失。

不过话说回来，我确实喜欢人死后会化为沙或者其他什么东西这种想法，这样你的机体在你死后仍然继续工作。我猜“消失”等于是逃避了你的机体本来仍然需要做的工作，而既然我认可工作的价值，那么我想我就不该老是想着死后消失。而且不管怎么说，若是死后可以化身为一枚大大的戒指被波利娜·德·罗斯柴尔德（Pauline de Rothschild）[1]戴在手上，那可是非常光鲜的一件事。

我真的是为未来而活的人，因为我拿到一盒糖果的时候，总是等不及想要吃最后一块儿。我甚至都不吃其他块儿，我就只想赶快吃完，把盒子扔掉，省得我老想着它。

我是这种人：要么现在就拥有，要么宁可知道我永远也不会拥有，这样我就不用非得想着它了。

这也是为什么有时候我希望自己已经是非常非常衰老的样子了，这样我就不用操心自己的样子变老了。

我的样子看起来很糟，而且我从没想过要精心打扮，

1　波利娜·德·罗斯柴尔德（1908—1976），生于巴黎一个富有的美国移民家庭，时装设计师，作家。她的第二任丈夫是菲利普·罗斯柴尔德男爵，法国传奇酒庄木桐酒庄的所有者。波利娜·德·罗斯柴尔德于 1969 年被选入国际最佳着装名人堂（International Best Dressed List Hall of Fame），这是对一个人的着装品味的最高肯定。

或者试图变得有吸引力，因为我不想任何人跟我有牵连。实情就是这样。我让我容貌的优点尽量不显眼，再把缺点放大。所以我的样子看起来很糟，而且我穿的裤子是错的，鞋也是错的，我在错误的时间带着错误的朋友出现，我说错误的话，我和错误的人说话。尽管如此，有时**还是会有人**对我产生兴趣，这可把我吓坏了，我想："我哪里做错了？"于是我回到家，试图理出头绪："嗯，一定是我身上穿的什么让有些人觉得有魅力，我最好赶在事态进一步发展之前把它换掉。"于是我走到三面镜前，仔细审视自己，我看到脸上新长出了十五粒粉刺，按理说这应该让人望而却步了才对呀。所以我想："真奇怪，我明明看起来很糟糕。我让自己看起来特别地糟——特别不对劲——因为我知道会有许多特别对劲的人在场，饶是如此，有人不知怎的就是对我产生了兴趣……"于是我开始害怕了，因为我觉得我无法弄清楚到底是什么让我产生了吸引力，我该把什么从我身上拿掉，以免它给我带来更多的麻烦。你看，多认识一个人实在是太困难了，因为每个新人都会占去你一些时间和空间。如果你还想要有一些自己的时间的话，你就需要保持没有吸引力，让谁都对你没有一丁点儿兴趣。

当我将目光投向俱乐部里的单口喜剧演员这类专业人士的时候，总是被他们对时机的完美掌握所折服。但我从来都无法理解他们怎么受得了一直都说同样的话。之后我意识到，其实他们跟我们也没什么不同，因为我们自己不也总是在重复做着同样的事情吗？不管是有人叫我们这样做，还是我们的工作本就需要这样做。我们通常都会犯同样的错误。我们把常犯的错误扩展到每一个新的领域或类别之中。

不论何时我对什么事情产生了兴趣，我都知道时机一定不对，因为我总是在错误的时间对正确的事情产生兴趣。我应该在我不再感兴趣的时候开始感兴趣，因为每当我为自己仍然在心里念着某个想法而感到尴尬的时候，也就是这个想法即将为某人赚取几百万美元的时候。我犯了又犯的错误啊。

在我不得不满纽约跑、去人家办公室求见的日子里，我学会了一些有关时间的真理。有人会将我的求见安排在十点，所以为了能十点准时到达，我会拼了命地赶过去。我到了那里，他们不到差五分一点不会见我。这样的事情你经历上一百次，你再听到“十点来吧”的时候，你会对自己说：“嗯……搞笑呢吧，我想我还是差五分一点再到那儿吧。”所以我后来都是差五分一点到，而且一直也没出过岔子。差五分一点，那是我能够见到对方的时刻。我学到了。这就像是一只实验室的老鼠，他们拿你做各种各样的实验，你做对了就能得到奖赏，做错了就打回去重做，你就这样学习、成长。于是我学到了人家会在什么时候见我。

这套办法唯一失效的一次发生在利兹·泰勒[1]那里，那时我在罗马和她共同出演一部电影[2]。整整一周，她每天的拍摄都要迟到几个小时，最后我想："好吧，那就这么着，我们明天谁都别着急了，别六点半就起床了。"于是第二天，她在所有人之前抵达了片场，比管服装的大姐和场务到得都早。实际上，她还亲自煮了咖啡。她可真是让你一刻都不敢松懈啊。她和我做的事情是一样的，不过方向正相反，我被她晃了是因为我对她的了解尚不足以让我能预知她的行动。利兹·泰勒，迟到五十次，早到一次，这一定是在应用和我把头发染成灰白一样的原理。我头发灰白了以后，当我以寻常的活力做事时，看起来显得"年轻"；而利兹·泰勒呢，当她准时抵达片场时，看起来似乎到得"早"了。你在某件事上一直以来都表现得很糟，然后忽然从某天起表现得不那样糟了，这在别人看来就像是你忽然间获得了一项新技能一样。

我欣喜于如今人们在纽约需要排长队买票看电影。那

1 即伊丽莎白·泰勒。

2 指 1974 年的电影《人像拼图》（*Identikit*），又名《驾驶座》（*The Driver's Seat*）。

么多的戏院，你去看吧，都排着长长的队，但没有人看起来对此不满。现如今，光是生活的花销就已经高得不得了了，如果约会时能把全部的时间花在排队上，那能给你省不少的钱。因为你在排队嘛，所以也就不需要做什么其他的事情了，而且你还能用这个时间来了解你约会的对象。你们一起受点儿苦，之后再一起得到两个小时的欢乐，于是你们变得非常亲近——你们有了一段共同的经历。而且不管怎么说，等待总是可以让事情变得更加激动人心。永远进不去是最为激动人心的，此外就要数等着进去是最为激动人心的了。

如果我十年才能有时间休假一次，我仍然不觉得我会想要去哪儿玩儿。我大概会回到我的房间，拍松枕头，打开几台电视，开一盒乐之（Ritz）饼干，拆掉罗素·斯托弗盒装巧克力的密封条，坐下来翻看从街角的报摊上买来的除《电视指南》（*TV Guide*）之外的所有杂志的最新一期，然后拿起电话打给我认识的每一个人，让他们帮我查看他们的《电视指南》，告诉我电视里在播什么，最近都播了什么，接下来会播什么。我还喜欢重读报纸，特别是在巴黎的时候。我在巴黎的时候，怎么重读《国际先驱论坛报》（*International Herald Tribune*）都读不够。我喜欢在他人忙他们的事情的时候一个人消磨掉时光，只要他们会打电话过来跟我报告就好。在我的房间里，时间走得很慢，只有在外面一切才飞速进展。

我不喜欢旅行，因为我非常喜欢慢时光，而搭飞机则要提前三四个小时就往机场赶，光是这你就得花掉一天的时间。如果你真的希望你的生活像电影一样在你眼前掠过，那就去旅行吧，你会忘记你的生活。

我喜欢一成不变。人们打电话给我时会说："我这样打电话给你，希望没有打搅到你的生活常轨。"他们都知道我是有多喜欢一成不变。

一个我犯了一次又一次的错误是没能遵从黄金法则[1]：我总是帮人开着电梯门。此外，尽管我试图扔掉不要的东西，精简我的生活，但我总是哄骗别人买下我的破烂儿。

让电影变得更快的办法是你先看一遍，那么当你把同一部电影看上第二遍的时候，电影就会进展得特别快。如果你真的想受罪，就去看点儿什么，然后去再看上一遍。你会注意到看第二遍的时候，不用那么久，罪就受完了。

我可以头天晚上看一部凶杀悬疑片，然后第二天晚上把它再看上一遍，而仍然不到最后一刻不知道是谁干的。

1　黄金法则（the Golden Rule）指的是你应该以你希望被对待的方式来对待其他人。

于是我就知道我有什么地方**非常不对劲**了。我的意思是，我可以坐在那儿看一遍《疑云重重》（*Another Thin Man*）[1]，然后第二天晚上再看一遍，却仍然要到最后一刻才能知道凶手是谁……我会像头天一样好奇，一样焦急地等待答案揭晓，恨不得都要凑到电视机上去了，而且和头天晚上一样震惊。如果我看上十五遍，那么**也许**会有一遍我能想起点儿什么，我可能会猜到一丢丢到底是谁做的。我想时间对我来说大概才是最棒的情节——悬疑在于看我是否能想得起来。

电子钟和电子表真的向我展示了一种新的时间，而这有点儿吓人。有人想出了新的展示时间的方式，所以我猜要不了多久我们就不再说“一点钟”了，因为“一点钟”这种说法来自钟，而我们很快就没有钟了。[2]我们将说“一时”（one time）而非“一点钟”（one o'clock），说“三时三十”（three-thirty time）或者“四时四十五”（four-forty-five time）。

1　原文此处编校失误。这里沃霍尔谈论的影片是 *Another Thin Man*，原文误将 Thin Man 当作电影名而将 another 当作修饰语——但这样是读不通的。实际上，达希尔·哈米特的侦探小说《瘦子》（*The Thin Man*）先后改编为多部电影，*The Thin Man*（1934）是最早的一部，*Another Thin Man*（1939）是这一系列的第三部。

2　这里原文说 so I guess we won't be saying one "o'clock" too much longer, because that's "of the clock" or "by the clock"。英文 o'clock 是 of the clock 的缩写，one o'clock 也就是 one of the clock，字面意思是“钟上的一”；"by the clock" 直译为“依照钟”，因中英文在时间表述上的字句用法并不能一一对应，中译文此处做了灵活处理。

我小的时候常常生病，那些生病的时光就像是小小的中场休息。我会待在房间里玩儿娃娃。

我从未将需要剪下来制作的纸娃娃剪下来过。一些和我共事过的人也许会猜我是让其他人帮我剪的，但我从未将她们剪下来的真正的原因是我不想破坏那些印着她们的漂亮的书页。我总是将这些需要剪下制作的纸娃娃留在那些剪纸手工书里。

About Time 关于时间

From time to time 时不时

Do time 坐牢

Time yourself 给你自己计时

weekends. 周末。

In time 及时

In no time 立刻

In good time 适时

Between time 有时

Time and again 时不时

Lifetime 一生

Time-worn 久经时日的

Pass time 消磨时间
Mark time 等待
Buy time 争取时间
Keep time（钟表）准确地指示时间

On time 准时
In time 及时
Time off 休假
Time out 暂停
Time in 开始计时 [1]
Time card 考勤卡
Time lapse 时光流逝
Time zone 时区

The beforetime 从前
The meantime 期间
The aftertime 未来
The All-time—有史以来——

1　尤指上班时的打卡，开始记录工时。

如今我环顾四周，看到的最不合时宜的事情就是怀孕。我实在无法相信人们仍在怀孕。

对我来说，当我没有花钱也搞不定的问题的时候，就是最好的时候。

8

死亡

A：听到这个消息我很难过。我原以为情况很不错，这件事是永远不会发生的。

我不相信有死这回事，因为当它发生的时候，你也就不在了，所以无法知晓它。我没法谈论它，因为我还没有准备好。

9

经济学

A：如果你是洛克菲勒家族的一员，那么纽约简直可以说是你的城市。你能想象吗？

除了钞票，其他的我都不懂。不懂可转让债券，不懂个人支票，也不懂旅行支票。

如果你在超市拿出一张百元大钞，他们**会叫经理过来**。

钱是惹人怀疑的，因为常有人觉得你不应该有钱，哪怕实际上你有钱。

现在我去达戈斯蒂诺（D'Agostino's）[1]时会特别心烦，因为我总是随身带着一个购物袋，而他们总是让你存包，但是我不存。女士不用存她们的手袋，所以我也不会存我的包。这是原则问题。之后我就开始心烦，因为我知道店员认为我在偷，于是我高高地昂起头，做出有钱人的样子。因为我没有在偷。我带着我的钱，直接走到放牛奶的货架前，我很高兴，因为我接着就要走遍所有的货架，买了东西放到我卧室的窗台上去。

有钱人的钱不装在钱包里，也不装在古驰（Gucci）

1　一家连锁超市。

这或者华伦天奴（Valentino）那的里面。他们用商务信封装钱。那种长长的商务信封。十美元的钞票用曲别针别好，五美元和二十美元的也都各自别好。通常他们的钱都是新票，由专门的信使从银行给送过来——或者从她们丈夫的银行。他们只要签收就好。钱就那么装在商务信封里，直到他们要拿二十美元出来给他们的女儿。

实际上，我最喜欢的带钱方式是把它们胡乱装起来。一沓一沓皱巴巴的钞票。装在纸袋里就不错。

有一天我跟一位大小姐一起吃午饭，她用一个小小的苏格兰钱包，上面遍布着顶上有毛球的粗花呢帽子图案。当时我们在麦迪逊大道上的妇女手工制品交易所（the Women's Exchange）[1]，她从钱包里拿出一张挺括的钞票，说："你看，我用罗斯柴尔德折钱法。这样钱可以更禁花。我从小就这么折钱了。"她把每一张纸钞都沿长边对折、再对折。全是崭新的钞票，全都单张折起，再叠放成小小

1 在美国，妇女交易所运动（Woman's Exchange Movement）兴起于十九世纪三十年代。那时，人们尚且普遍认为，有教养的女性不应外出工作。妇女交易所应运而生，这些店铺为女性提供了一个出售自己的手工制品来赚取收入，同时又无须外出工作的可能。这些交易所内往往还设有茶室或餐室，为女性社交提供空间。沃霍尔这里谈及的应该是已于1980年初关闭的位于麦迪逊大道541号的纽约妇女手工制品交易所（The New York Exchange for Woman's Work）。

的一堆。这样钱就可以更禁花。这就是罗斯柴尔德折钱法——让你看不到钞票的面额。

这就是**罗斯柴尔德故事**。

我有一个非常棒的法国钱夹，我在德国花了一百五十美元买的，为了装大钱——那些尺寸巨大的外国钱。之后在纽约时，它破了个口子，我拿去修鞋的那里修补。他误把用来放钞票的部分给缝上了，于是现在我只能拿它来装零钱了。

现金。我没有现金的时候就是不开心。拿到现金的那一刻，我就必须花掉它。而且我只会乱买。

支票不是钱。

当我口袋里有五六十美元的时候，我就可以去布伦塔诺（Brentano's）[1]，买上一本《罗丝·肯尼迪的一生》（*The Life of Rose Kennedy*）[2]，同时跟店员说："请问我可以要一张机

1　一家连锁书店。

2　罗丝·肯尼迪（1890—1995），美国第三十五任总统肯尼迪的母亲。

打收据吗？”

我拿到越多的收据，就越是激动。如今它们对我来说甚至变得像钱一样。

而当我去街区里那种私发彩票，同时也卖报纸和贺卡的小店时——因为时间太晚了，其他地方都关了——我走到店里去，派头十足，因为我有钱。我买上一本《时尚芭莎》，之后让他们给我开收据。卖报的先是吼了我，然后拿张空白的纸写给我。这我不接受。“请写清杂志名，而且要有购买日期，另外把店铺的名字写在最上头。”这让收据看起来甚至更像钱了。之所以要这样做，是因为我要让那个人知道，我是一个诚实的公民，我保留小票，我据此纳税。

之后我会去吃点儿东西，就因为我有钱，而不是因为我饿。我有钱，我必须在上床睡觉前花掉这些钱。所以如果凌晨一点我还没睡，我会搭出租车去 24 小时营业的药妆店买下当晚我被电视洗脑的各种东西。

我会在午夜的药妆店买下任何东西。我会让那家店因为我的选购而关门关得更晚一些，因为他们知道我有钱。这就叫特殊待遇，对不对？接下来就是和店家搞好关系，大家相熟到他们会允许我赊账。我会告诉店家我不喜欢通过邮寄的方式拿到账单，因为拆开信看到是账单会让我心情低落。“只管告诉我我欠你多少钱，”我跟店家说，“我下周来的时候会拿钱还给你。账单给我，我再来的时候你可以在上面写上‘已结清’。”

在你还清了欠别人的钱之后，你就不再能碰到他们了。但在那之前，他们无处不在。

当我有好多钱的时候，我给的小费多到离谱。举个例子，如果是一美元三十美分的账，我会给对方两美元，让他不用找了……但如果我手头紧，二十美分的找零我也会要回来的。

我有一次给了出租车司机一百美元。当时天色晚了，昏暗中我以为那是一美元。车费是六十美分（这是在车费上次涨价之前），我跟他说不用找了。这事儿想起来我就难受。

有时我身无分文坐上一辆出租车，去某个地方取钱。去银行，去办公室，或者去找某个门房拿别人留给我的钱。好了，在去的路上，身无分文地坐在出租车里，我不得不给司机上演一套固定戏码。他身旁是那种把你和他分隔开的塑料挡板——光是这就已经让你觉得自己像个犯罪分子了，好像你要抢劫或者枪杀他似的。于是你就得说服那位兄弟，让他喜欢你，你得让他相信你真的只是去找门房拿个信封而已。我会说：“我把我的纸袋给你留下。”但之后我会写下他的牌照号码，以免他跑了我没地方找去，接着我一路小跑去取我的信封。我常跑的一趟行程是这样的：通常我会在取了信封之后，去隔壁的文具店将支票兑成钱。如果他们不能兑，我就得去再隔壁的赖克（Riker's），不过他们总是不能兑。所以我会再去一家卖领带的店，他们总是可以兑。之后我坐回到出租车里，跟司机说：“送我回我来的地方。”嗯，就这么一段小小的路程已经把我取到的钱花去一半儿了（因为还要算上我提前说好会给司机的小费）。所以之后我非得找家健康食品商店挥霍一番不可。我买下一支粉色的有机牙膏，因为它勾起了我关于伊丽莎白·雅顿（Elizabeth Arden）的粉色牙膏的种种回忆。我希望能找到味道像过去那种装在黄色管子里的艾佩娜（Ipana）[1]的牙膏。

我只坐出租车，因为我喜欢聊天。如果他们不打表，走到半路我会问他们：“你怎么没打表？”“呃，路程这么短，我以为……”我说：“你以为？你以为？！如果你事先问过我‘咱们是不是就不用打表了？’我会同意的。我会按这段路通常的车费付钱，还会给小费。现在我们都开到这儿了，表上一个数都没有，按照法律赋予我的权利，之前的那段路我可以不给钱。”到了这一步，他们不得不承认：“确实……”于是我给他二十五美分的车费。我说：

1　艾佩娜牌牙膏有着冬青的味道。这一品牌的牙膏在北美市场的巅峰是在二十世纪五十年代，它在六七十年代持续衰落，1979年时彻底停止了在美国市场的销售。

“你瞧，事先征求一下意见总是不会错的。你可干不过制度。”

我们尚不能在新闻节目里谈怎样才能干得过制度，而这才是人们真正想要知道的。

花钱买朋友，那感觉棒极了。我不认为有很多钱然后以此来吸引人有什么不对。看看你都吸引到了谁吧：每一个人！

我认识一个非常有钱的人，整日里他都在纠结别人围着他转是不是仅仅是为了他的钱。然而他总是还不等别人开口就会跟你说，他刚刚乘坐他的私人飞机去了一趟华盛顿，不过去洛杉矶搭乘的则是商业航班。

如果你破衣烂衫，但兜里揣着十五美元，你仍然可以给人留下你是个有钱人的印象。你需要做的就只是去一家卖酒的铺子里买上一瓶香槟，你可以让一屋子的人都对你印象深刻；而且要是运气好的话，你可能永远都不会再见到他们了，于是他们会一直都觉得你有钱。我永远都没法做到在有钱的时候装穷，我只能在穷的时候扮作有钱。

我认识一个女人，她会在每日下午打电话跟人说：

“我给你一百美元过来干我。”漂亮，太漂亮了。她会事先确定他们都是非常有魅力的人，出身好，其他什么的也都好，但他们也许刚好需要一些钱来给他们的奔驰换轮胎。这位小姐没有钻石，穿的也都并不特别昂贵，然而在她的鼻子上、耳朵上和头脑里都有“钱”。颧骨上面也有，钱仿佛是她的骨架一般。从咖啡店过来送外卖的小子进门的时候，你可以问他:“你看她，你觉得她有钱还是没钱？”而他是能看出来的。因为她的脸就是“钱”。她可以一边抽着烟，一边沿街走着，之后她能以特别优雅的方式拦下一辆出租车而让整个场面为之一变。

我讨厌星期天：哪儿哪儿都不开门，除了花店和书店。

钱就是钱。至于是我辛苦工作挣来的还是轻轻松松得来的，对我来说都不重要。我以同样的方式花掉它。

我喜欢墙上的钱。假如你打算花二十万美元买一张画，我觉得你应该拿好那些钱，把它们捆起来，挂到墙上去。这样有人来拜访你的时候，他们注意到的第一样东西就会是墙上的钱。

我不认为所有人都应该有钱。钱不该为每个人所有，不然你就没法知道谁更重要了。那得多无聊啊。人人都有钱的话，那要讲谁的八卦呢？要批评谁的作为呢？而且再也体会不到有人跟你说“可以借给我二十五美元吗？”的那种良好感觉了。

圣诞节时，你必须要去银行取了崭新的钞票放到从文具店买来的信封里作小费。你把小费给了门房，他就开始休病假，要么干脆不干了，而新来的人则对你一点儿印象也没有。

我喜欢在百老汇看演出的时候买前排最好的位子，然后在第一幕时就起身离场，赶去旁边剧院看另一场戏的最后一幕，在那儿我也是最好的位子。这样我就有了两张票根。这可真不是件轻松的活儿，因为我得两边都照顾到。

我对光秃秃的一本支票簿从来不感兴趣，我想要的是那种可以摆在桌上的款式，因为我觉得那很能体现你的身份和地位。

脑袋下面垫着个枕头躺在浴缸里，**这让我觉得自己非常有钱**。枕头是我花了三块九毛五邮购来的，还带抽奖。所以也许我感到的高大上不过是幻觉。但你如果每个月都交和我一样多的电话费的话，你会知道自己是个有钱人的。

花很少的钱买一堆东西是很有乐趣的。在兰姆斯顿（Lamston's）[1]花三十美分买一个大大的购物袋，然后**装满**它。你在兰姆斯顿胡乱花上也许六十美元，然后回家，把每一样东西都放到床上，拿出彗星（Comet）[2]来把写在上面的价钱擦掉。然后，在你把所有东西都收好的那一刻，你又想出去买东西了。所以你去了村子里（the Village）[3]。你对一家花店表现得颇看不上眼，因为你想让他们觉得你要去的是街对面的那家贵价花店。之后你改了主意，决意给店家留下一个深刻的印象。于是你走进店里，说："这个那个还有那个，都包起来。"之后你把它们拿回家，你的房间里现在满是鲜花了。这让你觉得自己实在是太有钱了，你想把房门留一道缝，好让穿过走廊的人看到你有多有钱。不过要注意别表现得太有钱，以至于让人家动了打劫你的念头。

有一次，我手头有特别多现金，我去买了我的第一台彩色电视机。黑白电视的"刺目"惹得我要发疯。我觉得

1　一家连锁百货商店。

2　指彗星牌清洁剂。

3　指纽约市格林威治村（Greenwich Village）。

如果我用彩色电视机把所有的广告再看一次，也许它们看起来会像新的一样，而我也就又有很多新东西可以出去买了。

我去的是克威特（Korvettes），用现金付的全款。我甚至想买遥控器来着，但那要去另一个部门。我把电视运回家，但在路上我就纠结起来：包装箱上印着“索尼”和“克威特”，而我希望上面印的是“兰姆斯顿”[1]，因为我要搬着它上电梯，再穿过走廊，才能到我住的公寓。想到这个包装，还有那些看得出电视机形状的泡沫塑料——待会儿我得把它们扔出去，我心想：“我是不会让这种状况持续太久的。”

如果说话是我的工作而我要是不喝高了就没法说话的话，我就不能把买酒的花销在报税的时候扣除吗？

关于钱，我有一个白日梦：我在街上走着，听到有人低声说：“那是世界上最有钱的人。”

我不看五分钱上的铸造日期，就算是 1910 年的五分

1　克威特是全美第一家折扣百货商场，以折扣价销售各类商品；兰姆斯顿的定位则相对高一些。

钱，我也不会存着它。我会加上一毛钱买一块克拉克巧克力（Clark Bar）[1]。

我讨厌一分钱。我觉得他们最好别再铸造一分钱了。我从来不留着一分钱。我没那个闲工夫。我买东西的时候喜欢说："噢，不用不用，一分钱就别找了，我的法国钱包要是装这些就太沉了。"

零钱可以是负担，但当你没钱的时候它又可以很有用。你四处找寻，你看看床底下，又翻遍大衣的所有口袋，嘴里念叨着："也许我在**那里**又或者是**那里**还有点儿钱……"有时零钱决定了你能不能买上一包烟，全看你是翻出来六十九美分还是七十。你找啊找啊找啊找，为了找到那最后一分钱。你会喜欢上一分钱的**唯一时刻**是你刚好需要一分钱的时候。

有时店员会问你："你有一分钱吗？"于是你不得不找了又找。当然也有时你确实有一分钱但你就是懒得找……

有一次我问一个出租车司机钱对他来说意味着什么。"好时光。"他说。"我会带我老婆出去玩儿。我喜欢我老

1　1917 年面世的克拉克巧克力是美国第一款风靡全国的夹心巧克力。

婆，我喜欢和她一起出去玩儿，所以我有钱的时候就会带她出去玩儿。”

我也有同感。

之后我又问这位司机当有人给他一分的钢镚儿时他有何感受。“一分的钢镚儿？从来没人给过我一分的钢镚儿——不，等等，我不该这么说。有一次吉娜·劳洛勃丽吉达（Gina Lollobrigida）[1]给了我五个一分的钢镚儿。”

我让他把这件事讲给我听。

“没什么好讲的。她人很好，喜欢纽约，不喜欢好莱坞。她四处旅行，我觉得她现在已经不在纽约了。对了，她正在写一本书。”

吉娜·劳洛勃丽吉达。

如果人们可以让每样东西都有个整数的价钱，一分的钢镚儿就可以用来放在花盆底部给花盆增重了。

钱就是我的当下。

钱左右着我的情绪。

对有些人来说，钱是用来在今天购买他们认为会在明天升值的东西的。趁便宜的时候买下来，他们说。嗯，我

1　吉娜·劳洛勃丽吉达（1927—　），意大利女演员。在二十世纪五六十年代，她是享誉全球的性感偶像。

手上没有任何 1955 年前的东西。我发誓。一件都没有。也许我从某人那儿借来的铅笔可能是 1947 年的。这说不好。

美国的钞票设计得非常好，真的。我喜欢它胜过任何其他国家的钞票。我曾乘坐史泰登岛渡轮（Staten Island Ferry）沿东河（East River）而下，把钱撒到河里，就为了看它在水中漂荡。

我们都在寻找一位不在那儿住，却一直付房租的人。

如果我觉得我买的东西比我付的钱更值钱，而我又喜欢那个卖我东西的人，我就一定得告诉他钱收少了。要是不告诉他，我会心有不安的。如果我买到一个馅料给得特别特别多的三明治，而卖给我的人完全没有意识到他的三明治有多棒，我就一定得告诉他。

我不觉得我拿钱的时候会感染细菌。钱有某种大赦之效。当我拿着钱的时候，我觉得，那些钞票并不比我的手有更多的细菌。当我伸过手去拿钱，钱对我来说就变得极其干净。我不知道它有着怎样的过往——谁碰过它，拿什么碰的它——但当我碰到它的那一刻，所有的过往都被抹去了。

氛围

B：我曾想要拍一部电影，讲两个老太太住在满是报纸和猫的房间里，展现其间的悲哀和诗意。

A：你不应该让片子显得悲哀。你应该只表现“这就是人们今天的生活”。

空间就是那样的一个空间，思想就是那样的一个思想，不过我的头脑把它的空间分割了又分割，把思想也分割了又分割，它们变得像一栋规模庞大的公寓楼。偶尔，我会想到那作为一个整体而存在的空间和作为一个整体而存在的思想；但通常我不会那样想。通常我脑子里想的是我的那栋公寓楼。

这栋公寓楼有冷热水供应，有一些亨氏（Heinz）泡菜，一些裹着巧克力的樱桃，当伍尔沃思的热巧圣代机开关一开，我就知道我确实是有点儿家当的。

（这栋公寓楼常常陷入冥思默想——它通常在午间、晚间和上午都不开门。）

你的头脑把空间分割成更多的空间。这可是项艰辛的工作。分割出许许多多界限分明的空间。你年纪越大，分割出的空间也就越多，你有了越来越多的隔间。你也会有越来越多的东西要放入那些隔间。

我认为，非常有钱意味着拥有一个空间。一个大而空的空间。

我真心地认为，空着的空间是最有价值的，尽管我作为艺术家，会制作许多垃圾。

空着的空间是未被浪费的空间。

任何有艺术在其间的空间都是被浪费了的空间。

艺术家就是生产人们不需要的东西的人，而他本人——因为**某种原因**——则认为生产出这些东西给人家是个好主意。

生意艺术（Business Art）比起艺术艺术（Art Art）来可是要好得多了，因为艺术艺术负担不起它们所占据的空间，而生意艺术则负担得起。（如果生意艺术负担不起它所占据的空间的话，那它生意也就做不下去了。）

所以一方面我真心认为空着的空间是最有价值的，但另一方面，因为我有时仍会做些艺术出来，所以我仍然在制作垃圾给人们放到他们的空间里去，而那些空间在我看来应该空着。也就是说，我在帮人们**浪费**他们的空间，而我真正想要做的是帮他们**空着**他们的空间。

我甚至在不遵从我自己的哲学的道路上走得更远，因为我甚至都没做到空着我自己的空间。不是我的哲学辜负了我，是我辜负了我的哲学。比起施行我所宣扬的，我更为经常地打破我所尊奉的。

当我看到一样东西，我总是看到被它占据的空间。我总是希望那空间可以重现，可以归来。因为当有东西在一处空间里，你也就失去了那处空间。如果我在一个美丽的空间里看到一张美丽的座椅，不管那座椅有多美，对我来说永远都不会有那空间空着的时候美。

我最爱的雕塑是一面结实的墙，上面有个洞，它框出了墙那边的空间。

我认为每个人都应该住在一个大而空的空间里。如果是个小空间，要是干干净净又空空荡荡的，也是可以的。我喜欢日本那种把一切都卷起来塞进壁橱里的做法。但我甚至连壁橱都不想要，因为那样未免表里不一。但如果你无法做到彻底，如果你真觉得自己还是需要一个储藏室放东西的话，那么你的储藏室应该是一个完全独立的空间，这样你就不会太过依赖它。比如要是你住在纽约，你的储藏室至少应该设在新泽西。除了可以避免让你产生不该有的依赖，在你的储藏室和你的住处之间保持一段相当的距离的另一原因是，你不想觉得自己是住在自己的垃圾堆旁边。别人的垃圾堆不会太过让你心烦，因为你不会确知那里面究竟都有些什么，但想到你自己的储藏室，你知晓那里面的每一个小玩意儿，这会让你发疯的。

你储藏室里的每样东西都该有个保质期，就像牛奶、面包、报纸和杂志一样，而一旦有东西过了保质期，你就应该把它丢掉。

你应该做的是为每个月都备一个箱子，然后在当月把每样东西都丢进去，到了月底把箱子锁好，然后写上日期，再把箱子寄送到新泽西。你应该留意箱子的情况，但如果你做不到，如果你把箱子弄丢了，那也不要紧，因为这样你就少了一样需要惦记的事情，你心头的负担减轻了。

田纳西·威廉斯（Tennessee Williams）拿大箱子把每一样东西都储存起来，然后再把箱子送到一个地方储存起来。我一开始也是用大箱子或者随便什么家具来存东西，但后来我四下里寻找，看能不能买到更好用的。现在我把每一样东西都丢进尺寸相同的棕色纸箱里，纸箱的一侧自带一块彩色区域用来写日期。不过其实我讨厌怀旧，所以在内心深处我希望它们最好都会被弄丢，这样我就不用再看到它们了。这是我另一个矛盾和冲突之处：我在东西被交到我手里的那一刻，就想要把它们丢到窗外去，但我没有这样做，我说谢谢啊，然后把它们丢进当月的箱子里；但另一方面，我又是真的想把东西都存起来，这样某天它们将可以再次被使用。

应该有卖东西的超市和把东西买回去的超市，而在这两种超市取得均衡之前，我们都会造成比我们所该有的浪费更多的浪费。要是有能把东西买回去的超市，那么每个人都将会有要卖回去的东西，于是每个人都会有钱，因为每个人都有能卖的东西。我们都拥有一些东西，但我们所有的，大部分都没法卖，因为今天人们对崭新的东西有着特别的偏好。人们应该能够卖掉他们的空罐头，啃过的鸡骨头，用完的洗发水瓶子，还有他们的旧杂志。我们必须让事情更加有条理。那些告诉你我们很快就要没东西可用的人只是在抬高物价。我们怎么可能耗尽任何东西呢？宇宙里不是总是有同样多的物质吗——如果我没有理解错的话——当然除了那些被黑洞吸走的东西。

想到人们吃了又拉没完没了，我就想为什么人类屁股后面没有一根管子可以把他们吃下的再循环回他们的嘴里去，让食物循环再生，这样他们将永远不必考虑买吃的或是吃饭这类事情了。而且人们甚至都不必看到这个过程，这个过程也不非得脏兮兮的。如果人们想的话，他们可以在它循环回去的过程中对它进行人工染色。比如，染成粉色。（我是从蜜蜂拉蜂蜜想到这个点子的，但之后我了解到蜂蜜不是蜜蜂拉的屎，而是蜜蜂的反刍物，所以蜂巢并非如我之前所认为的那样是蜜蜂的厕所。蜜蜂得跑去别的什么地方上厕所。）

自由国家实在很棒，因为你实际上可以在别人的空间里待上一会儿，假装你是其中的一员。你可以在广场酒店

（Plaza Hotel）[1]坐上一会儿，你甚至都无须是那里的住客，你可以就那么坐在大堂里，看着人们来来往往。

不同的人有不同的占据空间——掌控空间——的方式。非常害羞的人甚至都不想占据他们的身体实际上占据着的那个空间，而特别好交际的人想要占据他们所能占据的尽可能多的空间。

在媒介出现之前，一个人所能占据的空间是有物理上限的。人类，照我看，是唯一懂得如何占据比他们实际居处其间的空间更多的空间的物种。因为借助媒介，你可以轻轻松松地让自己以唱片或电影的形式充盈于空间之中；通电话时，你独据一处空间，而现身于电视上时，你同时据有许许多多的空间。

有人要是意识到他们已然成功地掌控了多少空间的话，肯定会发疯的。如果你是最受欢迎的电视节目的主角，在节目播出的时候，随便在美国的哪条街走上一趟，倘若你透过窗户看到自己出现在每个人的起居室里，出现在每户人家的电视上，把他们每个人的空间都占据了一些，你能想象你心中会升起怎样的感觉吗？

我不认为有谁能体会如电视明星一般的古怪感觉，无论他们在各自的领域是何等知名的人士。甚至最出名的摇

1　广场酒店于 1907 年开业，是一家位于纽约市曼哈顿中城的豪华酒店。

滚巨星，无论去哪儿都能遇上他们的唱片正在某台音响上播放的那种巨星，他所感觉到的古怪，也无法和知道自己在每个人的电视上定期出现的电视明星相较。一位电视明星，不管他在电视屏幕上看起来有多小，他都拥有一个人所可能拥有的最广阔的空间，就在那电视机里。

你应该和你最亲近的朋友通过所有媒介中最亲密、最私人的那种来保持联系，我说的是电话。

我总是有这样的一个矛盾：我很害羞，然而我却喜欢占据许多私人空间。我妈过去总是说："别太咄咄逼人，但要让大家知道有你这么个人。"我想要掌控比我实际掌控的更多的空间，但我又知道自己太过害羞，如果我真的得到了他人的关注我将不知如何是好。这也是我喜欢电视的理由。基于同样的理由，我觉得电视这一媒介是我最想要闪耀其间的。我实在是嫉妒每一个拥有自己的电视节目的人。

就像我之前说过的，我想要一档自己的电视节目——名叫"没什么特别"。

对于能够用恰当的词语开创新的空间的人，我很是佩服。我只会一种语言，但有时我句子说到一半儿忽然觉得自己就像是个正在努力说英语的外国人，这都是因为我有词语痉挛——有些词的构成会让我讲到一半儿时开始觉得那发音着实古怪，于是我在心里念叨起来："哎哟，我是不是哪里说得不对啊，听起来也太怪了，我应该继续把这个单词说出来吗？还是说我该试着转到其他单词上去，因为要是说得没错那还好，但要是连这都说不好那不是听起来像白痴吗？"所以在一些不止一个音节的单词中间，我有时会疑惑起来，并试着把其他词嫁接上去。有时这会让报道读起来很有趣，他们引述我的话，而那些话读起来都很不错；但另一些时候就尴尬了。在你发觉自己口中的词语听起来有点儿古怪而试图为此找补之际，你永远无法预料你会讲出什么东西来。

我真是爱英语——就像我爱其他美国事物一样——不过我说得不怎么好就是了。我的发型师总是跟我说，懂外语对生意会很有帮助（他懂五门外语，但我们在欧洲的时候他一讲话小孩儿就咯咯咯地笑起来，所以我也不知道他外语水平到底怎么样），他说我至少应该学上一门，但我就是做不到。我已经在说的都还不怎么会说呢，所以我也就不打算开拓新领域了。

不过我钦佩那些擅长运用语言的人，我认为杜鲁门·卡波特在以词语填充空间这件事上做得非常好，所以在我初到纽约的日子里，作为书迷，我给他写了不止一封短信，而且还每天都打电话给他，直到他母亲让我别再打了才停手。

我常常会想到“空间作家”——那些依照他们写的多少而得到相应报酬的作家。我一直认为数量是最佳的评价方式，对任何事物来说都是这样（因为你在做的总是同一件事，哪怕看起来你是在做不同的事），于是我就立志要成为一位“空间艺术家”了。当毕加索去世的时候，我在杂志上读到他一生创作了四千幅杰作，我心想：“天呐，我一天就能做到。”于是我就开始了。之后我发现：“天呐，要想做出四千幅来得花上不止一天的时间。”你看，以我的创作方式，以我的技法[1]，我真觉得我能够在一天之内完成四千幅的；而且它们都将是杰作，因为它们都将是同样的画作。我就这样开始了，做到了差不多五百幅，之后就停手了。但这花去了我不止一天的时间——我想大概花了一个月。要是照着五百幅一个月的进度来的话，完成四千幅杰作会花上我八个月的时间——八个月，做一个“空间艺术家”，填满我认为不该以任何方式被填满的空间。意识到做这件事要花那么长的时间，令我清醒，令我感到幻灭。

我喜欢在正方形的画布上作画，因为这样你就不用考虑要不要把长边画得更长一点儿，或者短边更短一点儿，

1　指丝网印刷。

又或者长边更短一点儿。正方形就是正方形。我一直都想只画同一尺寸的画，但有人总是过来说“你得画得大一点点”又或者“小一点点”。要我说，每张画都应该是同样的尺寸和同样的颜色，这样它们可以随意互换，没人会觉得他们手上的画比别人的更好或者更差。而且如果那张“原画”是一张好画，那么所有的画也就都是好画。而且不管怎么说，即使画作的主题有所不同，人们也总是在画同样的画。

当我为一幅画而不得不有所思考，我就知道那张画好不了了。决定尺寸是一种思考，决定用色也是一种思考。关于画，我的直觉是：“如果你不思考，画出来就是对的。”而一旦你不得不做决定、不得不有所选择，那画出来就是错的。而且你做的抉择越多，错得就越离谱。有些人，他们画抽象，所以他们坐在那儿考虑来考虑去，因为他们的思考让他们觉得自己正在做着点儿什么。但我的思考从来无法给我带来我正在做事的感觉。列奥纳多·达·芬奇曾说服他的赞助人，让他们相信他花在思考上的时间也值钱——甚至比他作画的时间更值钱——对他来说也许真是这样。但我知道我的思考时间什么也不值。我仅仅指望靠我“做事”的时间挣到钱。

当我作画之时：

我看着画布，把想要的间隔预先排布好。我想：“嗯，这边的这个角落，看起来要画上几笔”，于是我就对自己说：“对，就是这里，没错。”我又看了一看，我说：“这个角落里的空间需要一点儿蓝色”，于是我在那儿画上蓝色。之后我看看另一边，另一边看起来也该上蓝色，于是我拿起笔刷，挪到那边去，把那里也画上蓝色。之后的一笔需要更大的间隔，我拿起我的蓝色小笔刷，在下一处画上蓝色，之后我拿起我绿色的笔刷，我把我绿色的笔刷落到画面上，把那里涂绿，之后我后退几步，看上一看，看间隔留得对不对。再之后——有时候间隔留得不对——我拿起画笔，再上一点儿绿色；如果间隔留得很恰当，我就放那儿不管了。

通常，我需要的只是拓写纸和良好的照明。我不明白我怎么没有成为一个抽象表现主义画家，因为我的手抖得厉害，做抽象表现主义画家可是天造之才。

我和科技略有过几次接触。有一次是我以为自己的艺术已经到头了的时候。我认为自己是真的真的完了，所以为了给我的艺术生涯画上一个句号，我制作了一些银色枕头——你可以拿气球填充它们，再把它们放飞。我是为莫斯·坎宁安舞团（Merce Cunningham Dance Company）的一场演出制作的这些枕头。结果它们没有飞走，面对这些枕头，我们也不知该如何是好，所以我觉得也许我的艺术还没有真的玩儿完，因为你瞧，我不是又忙开了吗，在那儿给枕头逐一系上锚。那时，我其实已经宣布了要从艺术界退休了，结果银色太空枕头没有飘走，而我的艺术事业也没有飘走。顺便提一句，我总是说银色是我最喜欢的颜色，因为它让我想到太空，但现在我正对此重做考虑。

另一种占据更多空间的方式，是用香水。

我实在是喜欢用香水。

在装古龙水的瓶子这件事上，你还真不能说我是势利眼，但好看的包装确实会给我留下深刻的印象。当你挑选香水时，瓶身设计的精巧让你平添对香水的信心。

有人和我说，肤色越浅，所用的香水颜色就该越浅，反之亦然。但我无法把自己局限在某一范围之内。（另外，我十分肯定一款香水在你皮肤上闻起来是什么味道，荷尔蒙对此有着很大的影响——我敢肯定合适的荷尔蒙可以让香奈儿五号闻起来非常有男子气。）

我总是在换香水。如果一款香水我连着用了三个月，哪怕我仍然喜欢它的味道，我也会强迫自己放弃它，这样不论何时我再次闻到它，都会想起那三个月的时光。这款香水我绝不会再用，它会成为我的永久气味收藏的一部分。

有时在派对上，我会溜去洗手间，就为了看看他们有哪些古龙水。我从不看其他东西——我不窥探他人的生活——但我强迫症般地一定要看看是不是有什么不为人知的香水是我还没有试过的，又或者碰上一款往日的心头好，是我很长时间都没有闻过的。如果我看到了什么有趣的款式，我会忍不住要试上一试。但之后的整个晚上，我都会惴惴不安，疑心男主人或女主人会闻到我身上的香水，觉得我闻起来好像他们认识的某个人。

五感之中，嗅觉具有的召唤过往的力量最强。嗅觉确能让人有身临其境之感。如果你希望你的整个人都能回到过去的某个时刻待上一秒钟，视觉、听觉、触觉、味觉就是无法像嗅觉那样强有力地做到这一点。通常我不会想要回到过去，但通过将气味封存在瓶子里，一切就在我的掌控之中了：我可以在我想的时候，嗅闻我想闻的味道，来获得我有兴致唤起的回忆——仅只一秒钟。以嗅觉勾起记忆的好处是那身临其境的感觉在你停止嗅闻的瞬间也就即刻停止了，所以不会有任何的余波。一种干净利落的怀旧方式。

如今我收藏的用了一半的香水，数量已经相当可观，尽管我是从六十年代早期才开始使用香水的。在那以前，我生活中的气味就都只是碰巧撞进了我鼻孔里的随便什么东西。但之后我意识到我必须拥有一座气味博物馆式的东西，这样一些味道才不会永远地离我而去。我爱百老汇的派拉蒙戏院（Paramount Theater）大厅过去的味道。不管什么时候，只要我在那儿，我都会闭上双眼深呼吸。之后他们把戏院拆了。我可以在一张大厅的照片上看到所有我想看到的东西，但那又怎样呢？我再也不能闻到它了。有时我会想象一本未来的植物之书，上面说些诸如此类的话："丁香花如今已经绝种了。它的香气被认为类似于……"他们要如何描述呢？也许将来他们可以给出一个气味的化学式。也许他们现在就已经可以做到了。

过去，我很怕自己会用遍所有好的古龙水而弄得自己再没有什么可用，除非开始用诸如"葡萄"或者"麝香"这类大路货。但现在，在我逛过了欧洲的**香水专卖店**（profumerias），见识了他们那儿琳琅满目的古龙水和香水之后，我再也不担心了。当我在三四十年代出版的时尚杂志上读到香水广告时，我兴奋难耐。我试着从它们的名字来想象它们的气味，我简直要发狂，因为我是那么地想要把它们都闻上一个遍：

娇兰（Guerlain）：随风（Sous le Vent）

吕西安·勒隆（Lucien Le Long）：花边褶饰（Jabot），栀子花（Gardénia），我的形象（Mon Image），首演之夜（Opening Night）

马查贝利王子（Prince Matchabelli）：为纪念亚历山德拉（Alexandra）而推出的"威尔士王妃"（Princess of Wales）

西罗（Ciro）：投降（Surrender），回忆（Réflexions）

朗泰里克（Lenthéric）：再会（A Bientôt），上海（Shanghai），塔希提的栀子花（Gardénia de Tahiti）

沃斯（Worth）：轻率（Imprudence）

马塞尔·罗莎（Marcel Rochas）：马提翁大道（Avenue Matignon），青春气息（Air Jeune）

奥赛（D'Orsay）：战利品（Trophée），花花公子（Le Dandy），忠贞不渝（Toujours Fidèle），白日美人（Belle de Jour）

科蒂（Coty）：在须磨（A Suma），黄昏时分的羊齿蕨（La Fougeraie au Crépuscule）

科黛（Corday）：吉卜赛人（Tzigane），占有（Possession），蓝兰花（Orchidée Bleue），巴黎之旅（Voyage à Paris）

香奈儿（Chanel）：清新的"俄罗斯皮革"（Cuir de Russie），浪漫的"魅力"（Glamour），让人融化的"茉莉花"（Jasmine），轻柔的"栀子花"（Gardénia）

莫里奈（Molinelle）：来看啊（Venez Voir）

霍比格恩特（Houbigant）：乡村俱乐部（Countryclub），朦胧（Demi-Jour）

邦威·特勒（Bonwit Teller）：721

HR 赫莲娜（Helena Rubinstein）：小镇（Town），乡村（Country）

维尔（Weil）：古龙水"碳"（Carbonique）

凯瑟琳·玛丽·昆兰（Kathleen Mary Quinlan）：节奏（Rhythm）

伦吉尔（Lengyel）：俄国皇室（Imperiale Russe）

骑士护卫（Chevalier Garde）：H.R.R.，波斯之花（Fleur

de Perse），罗马皇帝（Roi de Rome）

赛若维（Saravel）：白色圣诞节（White Christmas）

我在纽约四处走的时候，总是会意识到我身边的气味：写字楼里的橡胶垫子；电影院中的软包座椅；比萨的味道；朱利叶斯橙汁连锁店（Orange Julius）；意大利咖啡、大蒜和牛至[1]；汉堡包；干燥的纯棉T恤；社区里的杂货店；时髦的杂货店；摆着热狗和德式酸菜的推车；五金用品店的气味；文具店的气味；希腊烤串儿；登喜路（Dunhill）、马克·克罗斯（Mark Cross）和古驰店里的皮具和毛皮地毯；街边货架上的摩洛哥出产的鞣制皮革；当期的杂志，过期的杂志；卖打字机的店铺；卖中国进口商品的店铺（有货轮上带下来的霉味儿）；卖印度进口商品的店铺；卖日本进口商品的店铺；唱片行；健康食品店；有机打饮料出售的药妆店；打折药妆店；理发店；美容院；熟食店；售卖木材的场院；纽约公共图书馆里的木制桌椅；地铁里的甜甜圈、椒盐脆饼、口香糖和葡萄味汽水；厨用电器门市部；照片冲印店；鞋店；自行车行；斯克里布纳（Scribner's）、布伦塔诺、双日（Doubleday's）、里佐利（Rizzoli）、马宝禄（Marboro）、布克玛斯特（Bookmasters）

1 大蒜和牛至是意大利菜的常用调料。

和巴诺（Barnes & Noble）里的纸张和印刷油墨的气味[1]；擦鞋摊儿；面食油炸的气味；发油；伍尔沃思百货商店一进门就能闻到的又便宜又好的糖果的味道和位于商店后面的杂货（dry-goods）[2]的气味；广场酒店旁边的马；公共汽车和卡车的尾气；建筑师的蓝图；孜然、葫芦巴、酱油、肉桂；油炸大蕉；中央车站的铁轨；干洗店香蕉水的气味；公寓楼的洗衣房里排出的废气；东区的酒吧（护肤品味儿）；西区的酒吧（汗味儿）；报摊儿；唱片行；不同季节里的水果摊儿——草莓、西瓜、西梅、桃子、猕猴桃、樱桃、康科德（Concord）葡萄、桔子、茂谷柑、菠萝、苹果，我爱水果的味道和板条箱的粗犷的木头味儿的混合，再混合上包水果的纸的气味。

我从亲身经历里知道我喜欢城市空间胜过乡村空间。我爱乡居这个想法，但等我真到了乡间，我就想起来了：

我爱漫步但我不行
我爱游泳但我不行
我爱坐在阳光里但我不行

1　斯克里布纳和布伦塔诺是书店，双日是一家出版社，里佐利是书店，马宝禄也是书店，布克玛斯特是图书经销商，巴诺是书店。

2　杂货（dry goods），字面直译为“干货”，但并非指中文里风干、晾晒后的干制食品、调味品，而是指布料、成衣、烟草、咖啡、糖、面粉等不含水分的各类商品。这一商品分类和叫法已经逐渐退出商贸领域和日常生活了。

我爱闻花但我不行

我爱打网球但我不行

我爱滑水但我不行

这个单子可以拉得很长，但你应该也能明白我的意思了；而我之所以“不行”的原因也很简单：我不是**那种类型的人**。如果你不是那种人，你就没法做那些事。如果你不是说某种话的人，你还是可以说说的；但如果你不是做某类事的人，那你就真的没法做。到乡村去可不是个好主意。

此外，当我在乡间时，我爱看电视但不行，因为信号通常都太差了。

（顺便说一下，人们常常试图说服你去尝试一些事，他们说你不是那种类型的人也不要紧，他们说如果你想的话，你就可以成为那种类型的人；但别妥协，别尝试去做不是你那种类型的人所能做的事，因为你知道你是哪种人，而其他人不知道。）

我是个城市男孩儿。在大城市，他们为你做好了准备，你可以去逛公园，在那里体验微缩版的乡间；但是在乡间，你见不到一丁点儿大城市的景象，于是我会很想家。

我喜欢城市胜过乡村的另一个理由是，在城里，一切都是为工作而设计的；而在乡间，一切都是为休息而设计的。我喜欢工作胜过休息。在城市里，甚至公园中的树都在辛勤工作，因为它们要为之制造氧气和叶绿素的人，其数量多得令人震惊。如果你住在加拿大，可能有一百万棵树是为你一个人制造氧气的，所以每棵树都工作得不怎么辛苦；但是时代广场上栽在盆里的一棵树必须得为一百万人制造氧气。在纽约，你确实得奋发向上，这是连树都知道的——看看它们你就懂了。有一天，我正在第五十七街上走着，我的目光被街对面新落成的有着坡状立面的索罗大厦（Solow Building）所吸引，直直地撞上了一棵盆栽树。我特别尴尬，因为完全没有掩饰的办法。我就这样在西五十七街撞到了一棵树上，因为我根本没想到那儿会冒出来一棵树。

不知怎的，也许人生就是这样的吧，人们通常要么是落得和一堆人挤在地铁和电梯里，要么就是独自待在大大的房间里。但实际上，每个人都应该拥有一间属于他们的大房间里，每个人也都应该去搭拥挤的地铁。

通常人们在搭地铁的时候已经非常疲惫了，所以他们不能唱歌或跳舞，但我认为如果他们能在地铁上唱歌跳舞的话，他们会开心的。

在夜晚跑到地铁上涂鸦的孩子，对于如何循环利用城市空间掌握得非常好。他们半夜里跑到地铁列车停放的地方，那时车厢里空无一人，他们在里面唱起歌、跳起舞。地铁就像是夜间宫殿一般，所有的空间都只属于你。

聚居区[1]这样的空间对美国来说是有问题的，同一类型的人住在一起，这是不对的。吃同样的食物的同一群人不应该抱团儿。在美国，一定要交往和融合才行。如果我是总统，我会让人们多交往、多融合。但问题是美国是自由的国度，我没法让人做这做那。

我认为人应该住在一间屋子里。一间空空荡荡的屋子，只有一张床，一个托盘和一个手提箱。所有事你都可以不离开床就能做或者就在床上做——吃饭、睡觉、思考、锻炼、吸烟；床边是一台电话机和一个洗手间。

任何事，当你在床上做时，都会更有趣——甚至给土豆削皮都是。

手提箱的空间太有效率了。一个装满了你所需要的一切的手提箱：

一把勺子
一把叉子

1　聚居区（ghetto）指城市中的某处空间，或是穷人聚居在那里，或是由某一特定种族、宗教或国籍的人聚居在那里。

一个盘子
一个杯子
一件衬衫
一条内裤
一双袜子
一双鞋

一个手提箱和一个空房间。棒。完美。

住在一间屋子里，你就免去了很多烦心事。但是那些基本的烦心事，很不幸，依然存在：

我屋子的灯是开着呢还是关了？
水龙头拧上了吗？
烟掐了吗？
后门关了吗？
电梯今天正常吗？
楼下大堂里有人吗？
我腿上坐的这位是谁啊？

现在有许多人睡在金字塔形的空间里，因为他们认为这样可以保持年轻和活力，让衰老的进程停下来。我倒不担心衰老，因为我有我的翅膀。不过，我理想中的居室也是金字塔的式样，因为这样你就不用为屋子的天花板费脑筋了。你希望头上有个屋顶，那么为什么不让你的墙同时也是你的天花板呢？这样需要你费脑筋的事情就少了一件——少了一个平面要看，少了一个平面要打扫，少了一个平面要刷墙漆。住在圆锥形帐篷里的印第安人，他们关于居所的构想是很有道理的。要是圆形和平直的边线有办法贴合而且你又能找到合适的圆形洗手池的话，圆锥体还是挺好的。但我更喜欢底面是等边三角形的金字塔式样的围合而成的空间，这甚至比底面是四边形的金字塔形还要好。因为底面是三角形的话，你就少了一面墙需要费脑筋，也少了一个墙角需要清扫。

我的理想城市有一条长长的主街，这条长街没有会造成交通堵塞的十字路口或分出去的岔路。仅只一条长长的单行道，一栋大厦耸立在旁，所有人都住在那里面：

一部电梯
一位门房
一个信箱
一台洗衣机
一个垃圾桶
一棵树就在楼前
一家电影院在隔壁

主街非常非常宽，你只需要跟人说“我今天在主街上看到你了”就能让他们感觉很好。

你要把你的汽车加满油，开车到街对面去。

我的理想城市会是全新的，**没有古迹**；所有的建筑都是新的。老旧建筑是不自然的空间。建筑被建造起来应该只为维持一段短暂的时间。如果有建筑已经超过了十年，要我说就应该不要了。我会每十四年就起一次新楼。盖新楼和拆旧楼将让人们一直都有的忙，而且自来水也不会因为水管的老旧而有铁锈味。

意大利的罗马是一个范例，向我们展示了一座城市的建筑要是太过持久会发生什么。

人们管罗马叫作“永恒之城”，因为那里的每一样事物都已久经岁月，而且每一样事物都仍屹立不倒。人们总是说：“罗马不是一天建成的。”嗯，要我说也许真应该一天建成，因为什么东西你建得越快，它能维系的时间也就越短，而它维系的时间越短，人们就能更快地有新工作要做——重新建造它。不停地生产必需品让人们一直有的忙。必需品，通常来说，有三大类：食物、衣服、遮风避雨的居所。如今在意大利，他们生产许多食物，他们制造许多衣服，但食物和衣服仅仅占必需品的三分之二，另有三分之一，也就是遮风避雨的居所，他们没有在建造，因为全都已经造好了。所以，在罗马，出现了什么情况呢？女人在厨房里忙于制作饮食，在工厂里忙着缝制衣服，而男人则什么也不做，因为建筑全都已经建造好了，而且一点儿也没有要倒的意思！他们的建筑一开始造得太好，而且他们又一直没能改正这一状况。这就是为什么在罗马的街头你会看到那么多无所事事的男人，在白天和夜晚的每一个时刻。

我听过的最佳的，同时也是最为临时的建造建筑的方式是用光。法西斯主义者做过很多这类“灯光建筑”。如果你在室外用光线来建造，就可以给建筑加上一个不固定的期限，之后等你用完了，把灯关上，它们就消失了。希特勒总是临时起意要登台演讲，所以他的建筑师就为他创造了这些“建筑”。希特勒以这些幻象，这些完全以灯光效果构筑起来的建筑，划定出一个庞大的空间。

我觉得全息投影将会是激动人心的。利用全息投影，你终于能够真正创造一种你自己的氛围出来。电视上正在播放一场派对，而你也想参加，有了全息投影，你将可以置身其间。你将可以在自己的房子里拥有这个派对的 3D 投影，你可以假装自己在派对上，在人群中走来走去。你甚至可以租一个派对。只要你想，你可以让随便哪个名人坐在你身旁。

我喜欢在不正经的场合做个正经的人，在正经的场合做个不正经的人。但当你以两者中的任意一种面目出现的时候，人们就会有意忽略你，或者唾弃你，或者对你给出很低的评价，或者把你暴打一顿，或者洗劫你，或者说你“向上爬”。但通常你还是值得在不正经的场合做个正经的人以及在正经的场合做个不正经的人，因为总会有好笑的事情发生。相信我，因为我以在不正经的场合做个正经的人以及在正经的场合做个不正经的人而知名。这种事我真的很了解。

有着沉静、超然的气场的人，通常会和人保持一定的距离。这类人，你从他们的眼神就能看出来；他们坐在那里，不打搅任何人。有些人因为他们体内的化学物质而天生如此，另有一些人则是因为服了药。他们觉得自己正在思考，一副若有所思的样子。

充沛的精力可以让你填充更多的空间，但如果我有比平时更多的精力，我大概不会想要填充更多空间——我会在我的房间来一场大扫除。让我这么描述减肥药吧：它让你只考虑一些小事，而当你只考虑小事的时候，你会做很多很多的清洁工作。真正的精力让你想要去海边在沙滩上一路侧空翻，哪怕你实际上不会侧空翻。但是减肥药[1]带给你的精力让你填充更少的空间，因为它让你想要誊抄通讯录，尽管你会口头上念叨一个钟头说要跑到沙滩上去做侧空翻。减肥药让你想要打扫卫生，把没用的东西冲进马桶里去。

在纽约，你必须经常打扫卫生，而当你打扫完，终于不脏了。在欧洲，人们也经常打扫卫生，而当他们打扫完，可不仅仅是不脏，一切都干干净净的了。还有，在欧洲招待客人似乎比在纽约招待客人轻松多了。你把通往花园的门打开，在花树环绕的室外随便吃点儿喝点儿就行了。而在纽约呢，可就真有点儿古怪了，大部分时候事情都不会顺利的。在欧洲，就连在后院喝喝茶都可以是很美好的。但是在纽约，事情就复杂了：如果餐厅不错，饭菜可能不好；如果饭菜不错，室内的光线可能不好；如果光线不错，屋子里的空气可能不好。

纽约的餐厅最近有个新发明：他们不卖食物了，改卖氛围。他们说："你怎么能抱怨我们的食物不好呢，我们从来就没说过我们的食物好啊，我们的餐厅主打别致的氛

1 沃霍尔这里谈到的减肥药，应是指他在《波普主义》中谈到过的含有安非他明的减肥药，服用后会对神经系统起到兴奋作用。

围。”他们明白人们真正在乎的只是换个环境待上几个小时。这就是为什么他们可以只卖氛围而不怎么卖真正的食物也能糊弄过去。要不了多久，当食物的价格变得很高，他们就会真的只卖氛围了。如果有人实在是特别饿，他们可以自带食物去用餐；其他时候，人们将不是“外出用餐”而是“外出用氛围”。

我最喜欢的餐厅氛围一直都是那种朴素美好的美式食堂的氛围，甚至那种只有一个餐台、大家围坐用餐的美式简餐厅的氛围也不错。旧时的施拉夫特和果仁儿满满（Chock Full o' Nuts）绝对是我在这世上唯一真正怀念的东西了。四五十年代的日子无忧无虑，那时的我可以走进一家果仁儿满满，点一份儿我爱的用椰枣果仁儿面包制作的奶油奶酪果仁儿三明治，什么事都不用想。不管什么在变，也不管变化有多快，我们永远都需要真正好的食物，我们以此来了解变化了的是什么以及变化来得有多快。进步是非常重要的，也是激动人心的，在任何事情上都如此，除了在食物上。当你说想要一个橙子的时候，你不希望人家反过来问你：“橙子什么？”

我很喜欢一个人用餐。我想要给和我一样的人开一家连锁餐厅，就叫安迪快餐厅（ANDYMATS）[1]——“给孤独者的餐厅”。你取了你的食物，然后端着托盘走到你的小隔间里，边看电视边用餐。

1　这里化用了英文 automat，automat 是一种由食客自己从自动贩卖机购买饮食、拿去座位用餐的快餐厅。

如今，我最喜欢的氛围是机场的氛围。要不是我总想到飞机会飞上高空然后在高空飞行的话，那机场对我来说就有着最为完美的氛围了。飞机和机场有我最喜欢的那种餐饮服务，我最喜欢的洗手间，我最喜欢的救生者牌（Life Savers）薄荷糖，我最喜欢的娱乐，我最喜欢的广播呼叫系统，我最喜欢的传送带，我最喜欢的图形标识和色彩，最棒的安检，最棒的视野，最棒的香水店，最棒的雇员，还有最棒的乐观情绪。你不必操心自己要怎样抵达目的地，有人负责将你送达，我喜欢这一点；但我就是无法克服当我望向窗外看见云彩，知道自己真的在高高的天上飞时的那种抓狂的感觉。飞机上的氛围好极了，只是想到“飞”这件事我就不能不有所怀疑。我猜我不是能飞来飞去的那种人，但我的日程又要求我飞来飞去，于是我不得不过飞来飞去的人生。我不喜欢飞行，这让我感到难堪，因为我爱现代事物，也爱做一个现代人；不过我以我对机场和飞机的特别的爱弥补了这一点。

我能想到的最好的氛围是电影，因为电影里的一切看起来都是三维的，而电影里的感情则是二维的[1]。

1　two-dimensional 既有“二维的”的意思，又有“缺乏深度的、过于简单而显得不真实的”的意思，此处是后面这种意思。沃霍尔曾说过自己喜欢美国电影多过欧洲电影，因为欧洲电影里有过于深刻的东西，而美国电影就简单多了。译文为了文辞在形式上的照应，将 two-dimensional 直译为“二维的”。当然，另一种可能的译法是：电影里的一切看起来是立体的，而电影里的感情则是平面的。

成功

B：是下雨了吗?

A：我觉得是他们在朝我们吐口水。

B 和我整个下午都在罗马大酒店（Grand Hotel）的大堂沙发上坐着，看明星和他们的发型师在大理石台阶上往来上下，像在看戏一般。

我这是被安排飞来罗马参加当天晚上的一场活动的。活动把很多明星大腕儿都请来了，我们此刻就正在看名流。B 将我和他比作比弗利山庄大堂里的露西·里卡多（Lucy Ricardo）和埃塞尔·默茨（Ethel Mertz）[1]。我这几年老是说，罗马是新兴的名流汇聚之地，是新的好莱坞。

B 觉得自己很是高大上。"能来这儿就意味着你是真的成功了，"他说，"人家先是安排咱们坐飞机过来，然后我呢，又可以在像这样富丽堂皇的大堂里一坐一整天，而我们之前在每一本杂志和每一部电影里见过的每一个人现在都在我们眼前……"

---

1 露西·里卡多是美国二十世纪五十年代播出的情景喜剧《我爱露西》中的女主角，埃塞尔·默茨则是她在剧中的好友兼房东太太。《我爱露西》共有六季（1951—1957 年），它是美国历史上最出色、最有影响力的情景喜剧之一，也是第一部在尼尔森评分中得分最高时终止了剧集拍摄的节目（其后仅有 1968 年的《安迪·格里菲斯秀》[*The Andy Griffith Show*] 和 1998 年的《宋飞传》[*Seinfeld*] 属于这种情况）。

B说这些的时候，比起在台阶上的那些明星，我对沙发更有感觉。一个人越是疲惫，就越不容易有感觉——对任何事物都是这样。如果我在来的飞机上睡了一会儿的话，也许我也会为眼前的名流而倍感兴奋的。

“我们坐过全纽约的酒店大堂，也坐过全世界的，酒店大堂总是很好的地方。”我说。大堂通常是酒店里最漂亮的地方，你简直希望自己可以带张折叠床就睡在大堂里。甭管什么酒店，和大堂相比，你的房间看起来永远都像是个储物间。

“不不不，”B说，“还是有区别的，我们长途跋涉几千英里——”

“——坐进了酒店大堂。”

“——我们长途跋涉几千英里才坐到像这样的一个地方；如果我们只是走了一个街区远，我不会觉得坐在大堂里有多么好——是我们的长途跋涉让这件事特别激动人心。”

我跟B说要不是需要经受搭飞机的考验，我愿意每周都来欧洲待上一天。但我就是没法像有些人那样，不去想在高空中飞行意味着什么。机场和飞机上有我最喜欢的那类食物，我最喜欢的那种洗手间，我最喜欢的那种不卑不亢的服务，我最喜欢的救生者牌薄荷糖，我最喜欢的种种娱乐，我最喜欢的对自己前行方向的不担责任，我最喜欢的店铺，我最喜欢的图形标识——我最喜欢的所有事物。我甚至喜欢机场的安检。但我就是无法克服对飞行的厌恶。

“那就想想要是不搭飞机你会错过的所有那些激动人心的事情。”B 说。

事实上，我是个很快就会感到厌倦的人。一次通常就足够了。或者**只做一次**，或者**每天都做**。如果某事你只做一次，那是激动人心的；而如果你每天都做，那也让人兴奋。但如果你做上比如说两次，或者几乎每天都做，那就不太好了。和只做一次与每天都做相比，其他的情况都算不上特别好。

一个高大英俊的男人从外面走进酒店大堂来。他穿一条红色的休闲裤，一件红色的衬衫，一条白色漆皮皮带和与之搭配的麻绳底帆布鞋（espadrilles）。他是利兹·泰勒的发型师。

“他可真够‘红’的。”B 注意到他的着装。

“他穿红色好看。他和我上次见到他时看起来不太一样，我猜他应该是减肥了。”我说，试着指明他哪里有所改善。“我们去告诉他吧。”

“佛朗哥过来了，”B 说，“他总是在挠他的蛋蛋，你觉得他是不是有阴虱？”

“不是，意大利人就是这样。”佛朗哥·罗塞利尼（Franco Rossellini）[1] 是当晚活动的主办人，我们的行程和住

1　佛朗哥·罗塞利尼（1935—1992），意大利电影制片人，参与制作过《罗马帝国艳情史》（*Caligula*，1979）等片。他是意大利著名导演、新现实主义代表人物罗伯托·罗塞利尼（Roberto Rossellini，1906—1977）的侄子。

宿，事无大小，都是由他安排的。佛朗哥待人的方式，既是时时关切的，同时又是完全心不在焉的。他问我们路上是不是顺利，房间是不是称心，同时眼睛扫视着酒店大堂，寻找着利兹的身影。我问他是不是可以找找关系，给我们的房间延个几天，因为我们在当晚的活动后要再待上几日，做些生意艺术。我们在续房上遇到了困难，因为有另一场活动在我们当晚活动的两天后举行，所以给我们订的房间就到第二天，再之后就没人管我们了。当佛朗哥明白了我们说的“找找关系”的意思，他激动起来：

“你知道人家打电话给我就为了给伊丽莎白·泰勒弄一间房吗？因为甚至连她都没房！而且她光是把东西从行李箱里拿出来放好就得要两天时间！就因为那个‘另一场活动’，现在的一切都乱成一团！”

就在这时，一个米兰记者晃悠过来问我觉得罗马怎么样。

这个嘛，我非常喜欢罗马，因为它就像一座博物馆，如同布鲁明黛尔（Bloomingdale's）[1]像一座博物馆一般。但我太累了，没力气跟他说这些。而且，尽管他看上去是个挺不错的人，但几乎所有的记者都并不想知道你真实的想法——他们只希望你给的答案能合得上他们的问题，而他们的问题又是为了他们想写的故事而设计的，他们通常想的都是你不该让自己的个性硬挤进他们正在写的关于你的

1　位于纽约市中心的一家高档百货公司。

文章里去，不然他们就会讨厌你，这是可以肯定的，因为你增加了他们的劳动量，因为你讲的越多，他们为了那个要写的故事而不得不想方设法捋顺的材料也就越多。所以与其真的回答，一个更好的方式是就冲他们笑笑，说你喜欢罗马，然后让他们给出他们为你准备好的你喜欢罗马的理由。而且不管怎么说，我都太累了。看到佛朗哥走回来我很高兴，他总是能打破僵局。

“我回来了，”他宣布道，“我刚去让**狗仔队**拍我来着。我不该这样做的。”

我跟佛朗哥说 B 爱上了一个在宝格丽（Bulgari's）的钻石柜台工作的女孩儿，他觉得那姑娘长得像多米妮克·桑达（Dominique Sanda）[1]。佛朗哥明白什么是“爱”，而且知道爱的症状是什么：“所以你现在一天到晚都往店里跑，买下所有的宝格丽？这花销也太大了。你应该爱上一个餐馆女招待，那就不用花那么多钱了。”

“也没有花销很大，因为我什么都不买，我只是时不时地就去一趟，时不时地就去一趟。”B 说。

佛朗哥让自己显出一副对整个世界都已经厌倦了的表情，很久之后，他才开口说：“时不时就去一趟……要不还能怎么做呢……”之后，他快步走去和某位导演说话了。

B 瞧见利兹·泰勒在大堂的另一边，他说她这是在回

1　多米妮克·桑达（1951— ），法国女演员，出演过《费尼兹花园》（*The Garden of the Finzi-Continis*，1970）、《同流者》（*The Conformist*，1970）等片。

避我——B 试图以此让我心烦。我能从眼角瞥见她。

这时佛朗哥的一位助手塞尔焦（Sergio）过来向 B 询问我能不能提前半个小时准备好，这样我就可以和利兹一起去见格雷丝王妃（Princess Grace），这样晚上的活动我们就可以一起登场了。这是当晚的计划。B 为自己不能跟我们一起去而心生嫉妒，所以塞尔焦一走他就说："他说得好像事情多重要似的。他已经过分地习惯于通过利兹的发型师来和她打交道了，他觉得他必须通过我来通知你，哪怕你就站在这里。"

我跟 B 说我们本该在宝格丽给他买一把大大的用黄金打造的梳子。"你应该备一把发型师用的那种巨大的金梳子，他们用来分梳开头发的那种。要金制的。"B 和我为我们的失态笑起来。我们跑去宝格丽，问人家有没有银制的东西卖。我们当时太紧张了，因为人家让我们坐下来，但是那儿没有东西可看——我们不知道眼睛该看哪儿——而且我们也不想说我们要买他们那儿最便宜的东西。于是 B 脑子一转，问他们有没有银制的调酒用的搅拌棒卖。那个他爱上的女孩儿说："不好意思，我们这儿不卖任何银制的东西。"就这样，爱一去不返了。

"爱一去不返了，"B 表示赞同，"她那么说了以后，我就不再喜欢她了。而且离近了看，她并不是那么像多米妮克·桑达。"

就在这时，B 和我都听到从大堂的一角传来的嘶嘶声，

B 和我说不用多疑，那只不过是打蜡机的声音。[1] 他问我要是晚上的活动有人喝我的倒彩怎么办。我跟他说我之前遇到过被人喝倒彩的情况。他问我那是什么时候的事，我跟他讲了在大学巡回演讲时遭遇的喝倒彩。

这时一个可怕的念头击中了我：晚上的活动要是让我发言可如何是好？毕竟，这是一个非常正式的活动，而且还是个慈善活动；通常在慈善活动上，他们会让来宾发言。

B 决定我们现在就应该把发言稿写出来以防万一。我们决定由我起身来表达我是多么激动又是多么荣幸——为我能和利兹·泰勒的发型师一起工作——“让我们为拉蒙（Ramon）和詹尼（Gianni）鼓掌！”之后我再让利兹介绍B，我这样说：“利兹·泰勒改变了我的生活：如今，我也有自己的发型师了。我让我的商务经理、我的摄影师、我的书籍编纂人和我的社交秘书统统都当起了发型师。”

埃尔莎·马蒂内利（Elsa Martinelli）[2] 过来问我们当晚是穿黑色的礼服上衣还是白色的，因为她丈夫维利（Willy）忘了带黑色的，而他又不确定穿白色的是不是合

1 “嘶嘶声”原文用的是 hissing 这个词，hiss 还有“喝倒彩”的意思。英美文化中喝倒彩不是发出“嘘”声而是发出“嘶”声。所以沃霍尔这里说他们在听到“嘶嘶声”之后，B 让他不要疑心，并非有人在对他喝倒彩；也由此引发了后面关于喝倒彩的话题。

2 埃尔莎·马蒂内利（1935—2017），意大利女演员，曾凭借《多纳泰拉》（*Donatella*，1956）一片获第六届柏林国际电影节银熊奖最佳女演员。下文提到的维利是她的第三任丈夫，他是一位卓有成就的摄影师和设计师。

适，因为他不希望只有他一个人穿着白色的礼服上衣，不然别人该把他当成侍应生、朝他要饮料了。B 说他能做的最多就是穿上他的白裤子，因为他没有白色的上衣，埃尔莎觉得这样的话维利能感觉好一些。B 问埃尔莎她 T 恤上绣的是什么。她的解释大概是这样的：

“噢，这是个那不勒斯设计师的古怪想法。他英语说得不怎么好，所以对他而言，这个的意思是四十七，这里是四十——在那不勒斯方言里是“操”的意思——这里是七……”

克里斯蒂安·德·西卡（Christian De Sica）[1] 拍了一下埃尔莎的肩，然后他们走进餐厅去了。

“拜。”

“拜。”[2]

我们默不作声了有一阵，我开始思考关于脸的影像问题。B 问我在想什么，我跟他说我在思考“肖像”。

打蜡机现在移动到我们这边来了。“小象？”B 问。你看，他听不见我在说什么。

不过我喜欢他说的。“对，小象。这事儿太逗了，因为如果某人在他们老了的时候才画小象，那么艺术家应该把他们画得年轻一些吗？这真的很难说。我见过知名艺术家画的小象，他们画的老人看起来也很老。所以你应该在

1　克里斯蒂安·德·西卡（1951—　），意大利演员，著名导演维托里奥·德·西卡（Vittorio De Sica）之子。他在 1990 年后也开始执导电影。

2　原文两个“拜”用的是意大利语的“再见”（Ciao）。

非常年轻的时候就画好小象吗？因为这样的话，那张小象就将会是你留下来的影像。但这也挺古怪的……”

这位B关于一场美好约会的构想是带他能找到的最古怪、最有钱、年纪最大的女人出街，所以他是那种喜欢年纪胜过喜欢美的人。“一个人的个性要到他们上了年纪才会在他们的脸上显现。个性的力量，其显现的方式就是这样的。所以一幅‘小象’应该让画中人更为漂亮，我的意思是它应该反映那个人的个性中的积极而正面的部分。”

就在这时，乌苏拉·安德斯（Ursula Andress）[1]出现在楼梯的最上方。她看起来很美。她在和她的发型师讲话。我看得出来，他们在谈论她的发型。他在她头发两边比划着，好像在出主意。那是个非常亮丽的场面。

B和我就她有多高争论开了。我说她矮，B说她没那么矮。

B说：“她看起来棒极了。她看起来不矮。”

我说：“不，她很矮。”

B说：“但她看起来不矮。”

我说：“她穿着鞋呢。”

B说：“她腋下出汗了。看！她正在闻自己的腋下！”

我说：“确实。但她很聪明，没有用止汗剂，因为止

1　乌苏拉·安德斯（1936—　），瑞士女演员，性感偶像。她在007系列影片的第一部《诺博士》（*Dr. No*，1962）中扮演邦女郎，一举成名。片中她身穿白色比基尼从海中现身的场面是影史上的著名时刻，而所穿的白色比基尼则被视为影史和时装史上最著名的一款比基尼。1962年影片上映后分体式比基尼销量暴涨。

汗剂有毒，而且用了的话，你就没法知道自己什么时候特别紧张了。她很聪明，懂得要了解自己什么时候紧张。”

B 说:“我还是不觉得她看起来矮。”

我说:“我知道她看起来不矮。我过去也不觉得她有那么矮，但后来我看到了一些她的照片。”

B 叫嚷起来:“*但是你现在正看着这位姑娘本人！她* ***看起来*** 矮吗？？”

我说:“她旁边站着她的发型师呢，而她的发型师也是个矮个子，所以你才看不出来。”

她开始下楼梯。

我说:“看，她现在比他高两个台阶，但她看他的时候并不是俯视！快点儿吧，B，承认吧，她就是个小不点！”

B 不愿意承认这一点。“好吧，”他说，“她不高，但她不是小不点。”

我说:“我很肯定她比我想的还要矮。我肯定她穿着那种大高跟鞋呢。我们看不见因为她的裤子一直垂到了地上，但我肯定她的高跟鞋鞋跟得有四英寸。”

B 说:“但她看上去身材修长。她肯定不像有些人那样矮。”

“不，她矮，”我说，“她比好些人都矮。”

B 开始抓狂。“*你打定主意就是要认为她是个小不点！*”

我说:“*我见过她,B！你也见过她！你知道她有多矮！*”

“*她当时是坐着的！*”

“不，”我柔声说，“她后来站起来了。”

“她没那么矮。”这个B真固执。他以一锤定音的方式说了这句话，好像事情就真这样了似的。

我以更为一锤定音的方式说：“她就是个小不点。”说完，我看着B。他厌倦了争论，我赢了。

之后趁着他放低了防卫的姿态，我说：“嘿，如果你能真的有点儿工作的样子的话，你应该已经走上前去，问她能不能做个访谈了。”

“你想我怎么做？跑过去问她身为世界上最矮的女人有何感受？？？”

“这个嘛，她**确实**是矮……”我说，“这是无法改变的事实。”

乌苏拉又下了一级台阶，B再次开始了：“看，她刚又下了一级台阶，你能看到她的鞋跟没那么高。她穿的算不上是高跟鞋。她实际上蛮高的。”

我说：“B……站在那个人边上她是高，因为他要是个女的充其量也就是个稍大一点儿的小不点。别烦心，B，利兹·泰勒也很矮。所有伟大的明星都是矮个子！”

B开始大笑起来：“但是利兹的身形就像那边的那个蓝色瓶子，她的头发像花，臀部像那张桌子……”

我说：“你知道吗，B，总有一天利兹会注意到你或者和你聊起天来、夸赞你，而你最终会非常喜欢她。”

B说：“我本来也喜欢她，但她确实身形**就像**那个瓶子，而她的头发**就像**那些瓶中花。”

“B，她哪天就会来跟我说‘听说你有世界上最棒的发型师’，然后她会看一看你，说‘你来为我工作怎么样？只要是我赚的你都可以分百分之十’。”

我打了个哈欠。“我觉得咱俩跟大妈似的。”我对B说。

B说：“噢，看看这一屋子的人——利兹、宝莲（Paulette）[1]、乌苏拉、埃尔莎、西尔维（Sylvie）[2]、玛丽娜·奇科尼亚（Marina Cicogna）[3]、圣施伦贝格尔（São Schlumberger）[4]。”

“你都要把这世界上的大明星名字给念完了，B。另外别忘了罗沙太太（Mrs. Rochas）[5]。”

B继续道：“……罗沙太太、克里斯蒂娜·福特

1 指宝莲·高黛（Paulette Goddard，1910—1990），美国女演员，她最为知名的作品有卓别林的《摩登时代》（*Modern Times*，1936）和《大独裁者》（*The Great Dictator*，1940），她也是卓别林的第三任妻子（卓别林是她的第二任丈夫）。

2 指西尔维·瓦尔坦（Sylvie Vartan，1944— ），保加利亚出生的法国女歌手，法国流行乐巨星，她的《舞池中最美的女孩儿》（*La Plus Belle Pour Aller Danser*）等作品被视为二十世纪欧洲流行乐经典。

3 玛丽娜·奇科尼亚（1934— ），意大利电影制片人，摄影师。荣获第二十八届威尼斯电影节金狮奖的电影《白日美人》（*Belle de Jour*，1967）即由她担任制片。

4 原文误作Sao Schlumberger，实际应为São Schlumberger。圣施伦贝格尔（1929—2007），葡萄牙出生的美国艺术赞助人和收藏家。她的丈夫皮埃尔·施伦贝格尔（Pierre Schlumberger）曾是世界上最大的油田技术服务公司斯伦贝谢（Schlumberger）的CEO。达利和沃霍尔都曾为圣施伦贝格尔画肖像，圣施伦贝格尔常戴的一款珍珠和绿宝石项链也是达利为她设计的。

5 指法国著名设计师马塞尔·罗沙（Marcel Rochas，1902—1955）的夫人埃莱娜·罗沙（Hélène Rochas，1927—2011）。通常认为是马塞尔·罗沙第一个设计了2/3长度的大衣和带口袋的裙子。

（Cristina Ford）[1]、贝蒂·卡特鲁（Betty Catroux）[2]、圭多·曼纳里（Guido Mannari）[3]——都在一间房里。还有克里斯蒂安·德·西卡……”

“噢，”我说，“他很可爱。男人可以是可爱的吗？”

“任何人都可以是可爱的。”B 说。

我老婆就要没电了，而且我也累了，是时候回房间小睡一觉了，之后还得换衣服出席晚上的活动呢。

---

1 原文误作 Christina Ford，实际应为 Cristina Ford。克里斯蒂娜·福特（1929—2008），意大利社交名媛，汽车业巨子亨利·福特二世的第二任妻子。

2 贝蒂·卡特鲁（1945— ），前香奈儿模特，时尚界标志性人物，伊夫·圣洛朗（Yves Saint Laurent）和汤姆·福特（Tom Ford）都曾称其为自己的缪斯。

3 圭多·曼纳里（1944—1988），意大利男演员，代表作有《十日谈》（*The Decameron*，1971）和《罗马帝国艳情史》等。

12

艺术

A：你拿些巧克力……再拿两片面包……你把巧克力夹在中间做成三明治——这也就可以当成是蛋糕了。

在盛大的大奖赛（Grand Prix）[1]举行的那个周末，我们住在蒙特卡洛（Monte Carlo）米拉博酒店（Hotel Mirabeau）的套房里，套房是朋友借给我们的，因为B忘了给我们在巴黎酒店（Hotel de Paris）的房间续期，我们被要求从那儿搬出来。我的房间俯瞰着赛道的一处发夹弯道，我可以看到——此外，我当然也可以听到——从早上五点半就开始的预选，而且他们一比就是一整天。

当B和达米安（Damian）来敲门，看我是不是准备好可以出去吃午饭了的时候，我正在整理一些誊录文稿。他们来早了。达米安穿着一身海军蓝的迪奥（Dior），看起来美极了。你约她出去的时候，永远无法事先知晓她看起来会像是一百万还是一百块。而且她决定穿什么和你请她去什么地方毫无关系：她可能穿着华伦天奴去看摇滚演

1　据下文的描述，这里指的是每年五月最后一个周末在蒙特卡洛举办的摩纳哥一级方程式大奖赛（Monaco Grand Prix）。这一大奖赛始于1929年，是全世界最重要的汽车赛事之一，与勒芒24小时大赛和印地安那波利斯500大赛并称世界三大汽车赛事。

出，而穿牛仔裤出席候司顿（Halston）[1] 的派对。实际上，去这两个场合的时候，她大概真的会这样穿。

达米安和B听到外面的噪音，捂住了耳朵。“我刚才在想赛车这回事，”B说，二十辆小车开动着大引擎呼啸而过，“那些车随时都会玩儿完。”

“我觉得比赛其实是为了看谁能制造出最大的噪音。”我说。

“你觉得那些司机其实是不是想死？”

我说：“我觉得他们是想要激起反响、吸引目光。就像安德烈娅·‘鞭子’·费尔德曼（Andrea ‘Whips’ Feldman）[2] 跳出窗外时说她正‘奔向巅峰——天堂’一样。我不认为那些赛车手想到的是死，他们想到的更可能是事业巅峰、功成名就。”

“他们要是想成功成名的话，为什么不试着去当电影明星呢？”

“做电影明星对他们来说那还是降级了呢，”我解释道，“因为所有的电影明星都在试着当赛车手。而且所有新近的电影明星都是体育人士——他们长得又好，又能激动人心——他们挣钱挣得最多。”

1　指罗伊·候司顿·弗罗威克（1932—1990），美国时装设计师，他为美国女性创造出了一种轻松的城市着装风格，在1970年代享誉国际。

2　安德烈娅·费尔德曼（1948—1972）是沃霍尔圈子里的一员，安德烈娅·‘鞭子’·费尔德曼是沃霍尔身边人给她起的昵称。她曾出演多部沃霍尔影片，包括《垃圾》和《热》等。在《波普主义》中，沃霍尔对她多有着墨。她以跳楼自杀身亡。

赛车飞驰，驶向市镇的另一边，呼啸声渐渐低了下去，现在听起来更像是一架波音 707 而非阿波罗号航天飞船起飞了。我试着享受这一分钟的相对安宁，因为再过一分钟它们就会回来——跑一程就只需要这么点儿时间。B 想起来他有个电话要打，就回自己房间去了，那边安静些。

我现在和达米安独处一室了，要不是我老婆也在的话，我肯定已经慌张了起来。我过去单独和人在一起的时候——我是说，在没有一个 B 的陪伴的时候——总是会惊慌，后来我有了我老婆。

达米安走到窗边，看向窗外。“我猜不管在哪个领域，如果想要成功，都得冒很大风险。”她说完，转过身来看我，补充道:“比如要是想做个成功的艺术家的话。”

她是如此严肃又认真，但那场面就是像一部烂片。我爱烂片。我开始想起来自己为什么一直都喜欢达米安了。

我指了指从我泛美航空（Pan Am）的手提包里支棱出来的礼品装萨拉米，说:“每次你切萨拉米的时候都得冒风险.[1]”

“不不不，我的意思是，对艺术家来说——”

“艺术家！！”我打断了她，“你说‘艺术家’是什么意思？艺术家也可以切萨拉米！人们为什么要觉得艺术家特别呢？‘艺术家’也只是份工作而已。”

1　萨拉米质地紧实，切的时候容易伤手。

达米安不让我把她从幻想里拉出来——有些人关于艺术有着存在已久的、根深蒂固的幻想。我还记得几年前的一个极为寒冷的冬日夜晚，在一场带有浓重社交性质的派对之后我送她回家，那时已是凌晨两点半了，她让我带她去时代广场找一家还在营业的唱片店，她要买《无数金发女郎》(*Blonde on Blonde*)[1]以便找回和"真正的人"接触的感觉。有些人关于艺术有着存在已久的、根深蒂固的幻想，而且他们对此相当执着。

"但要成为一个成功的艺术家，你必须做出点儿'不一样'的事情来。而如果你做的和别人'不一样'，也就意味着你需要冒风险，因为批评家可能会说你的作品烂而不是说它好。"

"首先，"我说，"批评家确实通常会说它烂。但是如果你说艺术家'冒风险'，那对于在D日登陆的人来说就是侮辱，对于特技演员、保姆、伊夫·克尼夫(Evel Knievel)[2]、继女、矿工、搭便车的人来说也是侮辱，因为他们才是真正知道'风险'是什么的人。"她甚至都没听见我在说什么，她还在想着艺术家冒的那些让他们光彩夺目的"风险"呢。

"对于新艺术，人们总会在一段时期里说它烂，而这就是要冒的风险——这是你为了功成名就而必须承受的苦痛。"

---

1 鲍勃·迪伦1966年的专辑。

2 伊夫·克尼夫(1938—2007)，美国特技表演者，以摩托特技闻名。

我问她怎么能用“新艺术”这种讲法。“你怎么知道一样艺术是不是新的呢？新艺术在它刚刚完成的时候，从来都不是新的。”

“不，它一完成就是新的。它有着新的样貌，那样貌是你的眼睛在一开始尚且无法适应的。”

我等着车子呼啸着驶过我窗户外面的发夹弯道。整个楼都在微微颤抖。我心想是什么事让B这么久了还没回来。

“不，”我说，“它还不是新艺术。你不知道它是新的。你不知道它**是什么**。要等到大概十年后，它才能变成新艺术，因为要到那时它看起来才是新的。”

“那你说现在什么是新的？”她问道。我想不出来，所以我说自己不想就此表态。

“现在的‘新’艺术是十年前发生的吗？”

这个问题问得很妙。我说：“嗯……也许吧。”

“午饭的时候那个女同性恋也是这么说的。她说甚至连那些最有才智、对于任何文化事物都很感兴趣的法国人也不知道著名的美国现代艺术家的名字。他们才刚刚开始了解贾斯珀·约翰斯和劳申贝格（Rauschenberg）[1]。但我想知道的是，当别人说你的电影和艺术多么多么地烂时，你会感到不快吗？翻开报纸，读到关于你作品的恶评时，你会感到很受伤吗？”

1 指罗伯特·劳申贝格（1925—2008），美国著名现代艺术家。

“不会。”

“当批评家说你根本不会画画时，你不会心生不快？”

“我从不读报。”我说。又到了航天飞船起飞的时刻。

“事实并非如此。”她大声喊道，奇迹般地竟然让她的声音盖过了赛车的轰鸣。“我老能看见你在读报。”她环视了一下房间里成堆的报纸和杂志，“你可**真是**买了不少啊。”

“我只看上面登的照片，仅此而已。”

“得了吧，我听到过你在读了报上的评论后发表意见。”

这个嘛，我过去从不读报，特别是不读关于我自己的作品的评论。但是现在我会仔细阅读关于我出品的每一件东西——也就是所有有我的名字在上面的东西——的每一篇评论。

“我过去自己做作品的时候，”我向达米安解释，“从不读任何评论，也不读关于我自己的报道。但是之后当我可以说是停止了做东西而开始出品东西的时候，我确实想要知道人们对它们的看法，因为那些看法并非事关我个人。开始阅读有关我出品的东西的评论，这是我做的一项生意上的决定，因为作为一个公司的头儿，我觉得我需要为其他人着想。所以我也在不停地为同样的东西想出一些新的说法来，以便讲给前来采访的人听，我现在读评论也有这方面的考量——我把报纸翻看一遍，看是不是有谁说了关于我们的什么话，是我们自己用得上的。好比今天有一家法国报纸管我的磁带录音机（tape recorder）叫‘磁录机’（magnetophone），真是个好名字。”

我走到那堆报纸那儿，找出我说的那篇文章来。“是不是看起来很不错？相当别致——一样的东西，新名字。”

“你和利兹·泰勒的那部电影[1]，你看了关于你的评论了吗？”

“当然没看，因为那是我自己做的事，所以我不想知道任何人关于它的想法。我让 B 在把报纸拿给我之前，撕掉了所有关于它的报道。”

“评论说你‘有点儿令人讨厌，就像是一只爬行动物’。”

她是在试探我，看我听到那种评价的时候是否真的不会感到不快。真的不会。我甚至都不明白“像一只爬行动物”究竟是什么意思。“他们的意思是说我身上黏糊糊、滑溜溜的吗？”我问她。

“爬行动物是有些特别的，”她说，“它们的样子姑且不论，它们是唯一不喜欢被触碰的动物。”她说着从椅子上跳起来。“你不介意被触碰，对吧？”她朝我这边走来了。

“介意！介意！我介意！”她仍在逼近。我不知道如何才能阻止她。我惊慌起来，大声喊道：“你被开除了！”但这没什么用，因为她并非受雇于我。这也是我为什么只喜欢和为我工作的 B 待在一起的原因之一。她把小拇指放到我的胳膊肘上，我大喊：“达米安，快把你的手从我

1　指 1974 年的电影《人像拼图》。

身上拿开！”

她耸了耸肩，说：“至少我试过了。”她走回到她的角落里。“你确实不喜欢别人碰你。我记得我第一次遇见你时撞到了你，而你一下子弹开了得有两米远。为什么呢，你怕细菌吗？”

“不是，我怕被人袭击。”

“你是在遭遇枪击之后才变成这样的吗？”

“我一直都这样。我总是力图用余光留意着身旁。我总是看我的身后有什么、看我头顶上方有什么。”说完我又做了一点儿更正：“也不总是这样——我老忘——但我确实有这样做的打算。”

我走到窗户边上。我们的房间在十四层。这是我睡过的最高的地方——不是海拔最高的地方，而是一栋楼里的最高的地方。我总是在说自己多么多么地想住到高楼大厦的顶层去，但我一靠近窗户就不行了。我老怕自己会跌出窗外。这间房的窗户下缘离地面很近，以至于前一天晚上我把金属百叶窗完全放了下来。我不明白有钱人是怎么想的，他们总想搬到更高的住处去。我认识一对在芝加哥住的夫妇，他们住在一栋特别高的大楼里；之后他们旁边又盖了一栋更高的楼，他们就搬到那栋去了。我从窗户边走开。也许我的恐高源于体内的化学物质作祟。

我总是把所有的问题都归咎于体内的化学物质，因为我真的觉得所有的一切都由化学物质始、由化学物质终。

“你的意思是你虽然年纪渐长但并不会变得更加明

智？”B边说边走回房间来。

“会的，”我说，“你会变得更为明智。你必须变得更为明智，所以你通常也会变得更为明智。”

B说：“但如果你懂得了世间事物不过如此，你岂不就没了心气儿，你该不想继续活下去了。”

“会这样吗？”我问。

“是这样的。”达米安赞同B的说法。“更为明智并不会让你更快乐。你有一部电影里有个女孩儿说过类似这样的话：我不想做个聪明人，因为聪明让人沮丧。”

她是在引述《肉体》中格里·米勒（Geri Miller）的话。聪明会让人感到沮丧，绝对是这样，如果你不能聪明地运用你的聪明的话。对待事物的看法才是问题的关键，而非智商本身——大体来说是这样的。

“你的意思是今年的你比去年更为明智了吗？”B问我。

我确实更为明智了，所以我回答道：“是的。”

“怎么个更为明智了呢？你今年学到的什么是你去年并不知道的？”

“什么也没学到。这就是我为什么更为明智了。我又多了一年什么也没学的经验。”

B 大笑起来，达米安没有笑。[1]

“我不明白。”她说。“如果你就‘虚无’了解得越来越多，岂不是会让活着变得越来越难吗？”

了解虚无并不会让活着变得更难，而是让活着变得更简单，但大多数人都会犯达米安的错误，以为一旦了解了虚无，人生会变得更难。实在是个莫大的错误。

她问道:“如果你认为生命是虚无的，那你活着又是为了什么呢？”

“不为什么。”

“但我喜欢做女人，你不能说这是没有意义的。”她说。

“做女人和做男人一样没有意义。男人剃须，女人刮毛，有什么区别吗？都不过是个大大的无意义，不是吗？”我承认我将问题过分简化了，但基本的情况就是如此。

达米安笑了。“那你为什么一直都在作画呢？你死了

1　上一句沃霍尔的答语“什么也没学到。这就是我为什么更为明智了。我又多了一年什么也没学的经验。”是按照 B 的理解翻译的，所以 B 听了大笑起来。至于沃霍尔此句答语的本意和听在达米安耳中的意思，B 是在这场对话的晚些时候才明了的。沃霍尔的原话是 "Nothing. That's why I'm wiser. That extra year of learning more nothing." 他这句话的意思——同时也是听在达米安耳朵里的意思——是这样的:“我学到了虚无。这就是我为什么更加明智了。关于虚无，我了解得更多了。”而这里的“虚无”，指的是人生的虚无——人生是没有意义的，也是没有目的的。至于何以我说沃霍尔这里的“虚无”意指人生的虚无，请看接下来对话的走向。在本章的这一部分，沃霍尔非常灵活地运用了 nothing 这个词在不同语境下所可能表达的不同含义，而他的话听在 B 和达米安两个人的耳朵里，又并不总是一个意思。译文对于原文中用到 nothing 的地方，在尽可能使读者看得出原文都是同一个词的前提下，依照语境的不同、词义的侧重、中文的表述习惯而或译为虚无，或译为无意义、没有意义，或译为什么也不是、一无所是。

以后，这些画作可是会继续挂在墙上的。”

“那也没什么意义。”我说。

“画作蕴含的**观念**将延续下去。”她坚持道。

“观念是没有意义的。”

忽然间，B 的脸上闪过了狡黠的光。“好吧好吧，我们同意你的说法。那么生命的唯一目的就是——”

“没有目的。”我截断他的话。

但他并没有停下来。“——就是要尽可能地享乐。”这时我明白他是在干什么了。他在暗示我该给他们点儿钱，让他们下午“花花”。

“如果观念是无意义的，”B 继续道，为了能弄点儿快钱花摆出他的论证，“事物也是无意义的，那么你一旦有了点儿钱，就应该把它花掉，尽可能快乐地过活。”

“这个嘛，”我说，“相信人生是无意义的，并非是无意义的。你必须郑重其事地对待无意义，从无意义中生发出一些意义来。”他没能跟上我的思路。

“你说什么？？？”

我一个字一个字地重复了一遍，这可真不是件简单的事。“相信人生是无意义的，并非是无意义的。”B 的眼中不再有美元符号的闪烁了。当有人跟你谈钱的时候，谈玄总是好的。

“好吧，假设我相信人生的虚无，”达米安说，“那我要如何说服自己成为一个演员或是写一本小说呢？我能写出小说来的唯一可能的方式是我相信它真的可以有一些意义，而我的名字将印在这本小说上，去做一个知名的演员也需要同样的确信。”

“你可以做个一无所是的女演员，”我对她说，“而且如果你真的相信人生的虚无，你可以写一本关于虚无的书。”

“但是如果想要成名，你写的书就必须是关于人们都关心的内容的。A，你真的不能说所有的事物都是虚无的、都是没有意义的。”她这会儿有些烦乱起来，但仍在思考，试图想出一个让我承认事物还是有些意义的方式。

我重复道:“所有的事情都是虚无的，都是没有意义的。”

“好吧，”她说，“就算我同意你，那么性爱也是无意义的了！”

“性爱是无意义的呀，一点儿不错，绝对如此。”

“绝非如此！如果性爱什么也不是，人们又为何对它如此渴求呢？”

关于性爱，每个人都需要以自己的方式得到属于他们自己的结论——这不是一件你可以靠论证来说服他人的事情。但就当是为了练练手，我说:“达米安，你做爱的时候是怎么样的呢？”

她考虑了一秒钟，说:“我说不好。那很美好，你感受着另一个人的身体，你的情感以某种方式投入其间，我说不好，但你的感受就是和平时不一样。”

“之后你迎来高潮。”我说。

“之后你迎来高潮，对；但即使你没有达到高潮，你在性爱中的感受也是不同的。性爱是那么地自然和正常，又是那么地不一样——事后我再想起来，甚至都无法相信自己真的做了！”她大笑起来。

“好，”我说，“现在请你设想一下，你认为性爱真的是有意义的，而那个和你做爱的人觉得它什么也不是。”

达米安现在显出痛苦的表情来。我意识到她真的把自己代入到我说的这个假设中去考虑问题了。“嗯，如果那个人觉得性爱什么也不是，为什么他又会想要和我睡呢？”

“因为，”我解释道，“他认为性爱一点儿意义也没有而你认为性爱是有意义的，这就是原因。这就是为什么你们会再一次做爱。他喜欢做无意义的事，而你喜欢做有意义的事。”

B说：“所以一切归根结底全在于一个人怎么想，换句话说，没有什么是真的客观的，全都是主观的。我可以说‘我们今天做的挺那什么呀’而另外那个人则可以说出他们的想法，但实际上我们说的是同一件事——同一双唇吻了同一双唇。一台摄影机会把事情原原本本地呈现出来，而不管你怎么想。”

“呈现什么？”当我听到诸如“客观”和“主观”这种词的时候就会开小差，我永远听不懂这是在说什么，我没有这方面的头脑。“呈现什么？”我又问了一次。

“两个人在接吻。”

“接吻的两个人，”我说，“看起来总是像鱼。两个人接吻，说到底，又意味着什么呢？”

达米安说：“这意味着你足够信任另一个人，允许他们触碰你。”

“不，不是这样的。人们总是在吻着他们并不信任的人。特别是在欧洲，还有在派对上。想想那些我们认识的跟谁都能亲来亲去的人。他们的吻难道意味着他们的信任吗？”

“我认为是这样的，他们的吻意味着信任。”B说。这个B实在固执。“不过是他们信任很多很多的人罢了。”B吻了达米安。接吻的两个人看起来总是像鱼。

13

头衔

我在都灵的酒店房间中醒来，比平时稍晚一些。刚睁开眼，我经历了惯常会有的那种出门在外醒来时不知自己身在何方的一秒钟的惶恐。在欧洲颠来跑去，追赶着我的发型师，尽力完成他为我安排的一笔笔生意艺术，弄得我相当疲惫。我下榻的是盛美精益萨伏伊王子大酒店（Grand Excelsior Principi di Savoia Hotel）。盛美精益萨伏伊王子大酒店是城中唯一的一家高级酒店，大概因为没剩下什么高级字眼可以让别家用的了。

我来都灵是为了做些艺术生意，但我希望自己到这儿来是做生意艺术的——都灵是菲亚特（Fiat）的产地。我依稀记得自己有一次吃了很多都灵产的意大利牛轧糖，所以我开始希望自己到这儿来是为了拍菲亚特或者佩鲁贾（Perugia）[1] 糖果的广告的，印在大大的广告牌上的那种。不知道为什么，意大利的大型广告牌比任何地方的都更加令人震撼。意大利人实在是很懂得如何制作好的广告牌。

1　佩鲁贾是意大利翁布里亚大区的首府，位于意大利中部，罗马的北部。

不过意大利的电视节目就是另一回事儿了。当我意识到自己在这儿看不到芭芭拉·沃尔特斯[1]、帕特·科林斯（Pat Collins）[2]，又或者《给老爸腾地儿》（*Make Room For Daddy*）[3]时，我立马拿起电话打到B的房间喊他起床，这样他好叫早餐到我们的房间来——我太不自信了，没法自己打电话叫客房服务。

我对和我一起旅行的人百般折磨。我旅行的时候，就像利兹·泰勒或者赫莲娜·鲁宾斯坦（Helena Rubinstein）夫人[4]一样待人苛刻、难于满足。和我一起旅行的人——那些B们——必须既当翻译又当缓冲器，夹在我和我身处的整个文化环境之间，而且他们还必须不停地以某种方式逗我开心，因为我离了美国电视节目就要发疯。和我一起旅行的人必须有非常好的脾气，他们必须随和又好相处，这样才能在经受了我让他们经受的一切之后，仍然不会崩溃，因为不管以什么方式，他们最后都必须得能把我们弄回家。

“醒醒，B，九点半了。”

这个B抱怨了几声，不过听起来是那种相当好脾气的抱怨。我让他叫早餐，我跟他说我们可以在我的房间里搞个派对。之后我从床上下到地面上来——这可真是张高

1　参见第4页注释1。

2　帕特·科林斯（1944— ），影评人，娱乐业记者，电视节目主持人。

3　美国情景喜剧，1953年在ABC首播，四季之后转由CBS播出，共十一季。

4　赫莲娜·鲁宾斯坦（1870—1965），企业家，慈善家。她创立了以自己名字命名的品牌HR赫莲娜

床——然后溜达到洗手间去。

过了几分钟，传来了敲门声，B 跌跌撞撞地走进来，身后跟着脚步更加稳健的客房服务员——一位深色眼睛的金发女郎给我们送来了一碗漂浮在冰水里的樱桃、烤面包片、茶和咖啡。我给了 B 一点小费让他递给她。

"谢谢。"

"你好啊，美人儿。"B 在调情。

"谢谢您，先生。"她脸红了。"您慢用。"[1]

"都灵人真是漂亮。"B 感叹道，他在她走后坐到早餐前。"南北方都算上，最美的就属都灵人。"

我已经吃到第十颗樱桃了。它们又大又紧实，深红色，冰凉冰凉的。

"B，你说，"我问道，"我们跟这儿的日子过得还算愉快吗？算得上激动人心吗？"

"你应该问的是，"B 纠正我说，"你老婆的日子过得愉不愉快。"

我的老婆，磁带录音机。

"唉，是啊，我老婆……她不是很愉快，你说的对。苏拉娅王后（Queen Soraya）[2] 让我关上了她。"

"我听到她让你关上来着。之后有人和我说，你坐在

1　以上三行对话原文为意大利语。

2　指苏拉娅·埃斯凡迪亚里 - 巴赫蒂亚里（1932—2001），伊朗国王穆罕默德·礼萨·巴列维的第二任妻子，两人于 1951 年结婚。当时国王膝下仅有一女，而苏拉娅婚后多年不孕不育，王位继承问题突显，两人最终于 1958 年离婚。苏拉娅搬去了巴黎定居，2001 年于巴黎去世。

苏拉娅身旁，看起来很难过。我对那人说‘哦，那是因为她让他关掉了他的录音机。A 喜欢所有人，除了那些让他关掉录音机的人。让他关录音机就好比请人来晚宴但不让人家带老婆’。”

我已经连着吃到第二十颗樱桃了。我问 B 来到故国，来到他先辈的土地上是不是感觉挺好的。

“是啊，感觉很不错，睡得也更好了。我能和自己更和平地相处了。麻烦把黄油递给我。[1]”

“给。你在说到自己和自己的战争与和平时，是什么意思？”

B 迟疑了一会儿，说：“这个说法不错。”我前前后后想了一遍，才意识到我到底说了什么。我发明了一个好说法。

B 给烤面包涂上了黄油。“在意大利更像是在家，蒙特卡洛则像是迪士尼公园。”

我们此前在蒙特卡洛待了不长的一段时间。在那儿我们见到了我们在冬天的圣摩里兹（St. Moritz）[2] 和秋天的威尼斯见过的同一批人。我跟 B 说他们不只是“国际人士”——他们更像是一个新的民族，一个没有国家的民族。

“嗯，欧洲现如今已经有了相当的融合了，”B 说，“二战以来，通婚很多。”

“基佬娶拉拉吗？”我说这个是因为这是 B 最喜欢的

1 原文中，B 在说到“黄油”时用的意大利语。

2 瑞士度假胜地。

笑话之一。他应该笑的，但他把这话就那么放过去了。

“我指的是法国人和意大利人通婚，瑞士人和希腊人通婚，你懂的……”

“但是B，既然在欧洲国王和王后都是通婚的，为什么还有那么多战争呢？通婚不就意味着每个人和每个人都是有关系的吗，为什么人们会想要和他们的亲戚开战呢？”我常问这个问题，因为我总是在思考它——特别是当我在欧洲的时候。

“因为一旦开始，没什么人比亲戚更能争来打去的了。特别是在争夺小王子时，就像格雷丝王妃[1]希望卡罗琳公主（Princess Caroline）嫁给查尔斯王子（Prince Charles）[2]的时候。”

我还是不明白。B只不过是在复述一个不靠谱的国际流言。查尔斯王子迎娶卡罗琳公主的可能性跟他为了见芭芭拉·史翠珊（Barbra Streisand）[3]跑到后台去的可能性一样大。“不管怎么样，”B说，“我不会为了这种事睡不着觉的。在意大利不会。”

1　格雷丝·凯莉（Grace Kelly，1929—1982），美国女演员，1956年与摩纳哥王子兰尼埃三世（Rainier III）结婚，成为摩纳哥王妃。

2　卡罗琳（1957—　）是格雷丝王妃与兰尼埃三世婚后生下的第一个女儿，她在两次婚姻之后于1999年嫁给了汉诺威王子恩斯特·奥古斯特（1954—　）。查尔斯（1948—　）是英国女王伊丽莎白二世（1926—2022）的长子。

3　芭芭拉·史翠珊（1942—　），美国歌手，女演员。她的第一张唱片《芭芭拉·史翠珊唱片》（*The Barbra Streisand Album*，1963）即赢得两项格莱美奖，1968年她又凭借自己在第一部电影《妙女郎》（*Funny Girl*）中的表演荣获奥斯卡最佳女主角奖。尽管如此，可以想象，查尔斯王子还是不太可能会专门跑去后台见她。

“但是B，说到昨天晚上，既然你自己是意大利人，为什么要贬损那个什么王子——我们吃的是什么奶酪来着，叫什么？”

“马苏里拉（Mozzarella）。”

“对，马苏里拉王子。为什么你要贬损他，既然他和你一样都是意大利人，你应该撑他才对嘛。”

“我贬损他是因为他们都说他是个骗子。”

“他是骗子，那又怎样，我们也是骗子。”

“另外还因为他是个胖子。”

“所有成功的骗子都是胖子。”我提醒他。

“不，他不该是个胖子。如果他是个好看的骗子，我会喜欢他的。”

“从什么时候开始坑蒙拐骗也得长得好看了？人家可赚了不少钱呢。”

B做了个鬼脸。“是，他是赚了不少，而且都花在吃意面上了。”

看来B不喜欢马苏里拉王子的心意已决，我自己倒觉得他是个特别有趣的人。但头天的晚宴上另有一事是我希望B能为我澄清的：

“和我同桌的那位女士是谁？”

“哪位女士，你整晚上都在跟人家讲话的那位？话说既然你整顿饭都在跟她聊天，怎么还要问我她是谁？你们都聊什么了？她是苏拉娅王后的宫廷女侍（lady-in-waiting）。”

“她不是苏拉娅的母亲吗？”我实在是无法相信。这一定就是为什么当时所有人都在笑的原因了。“你确定吗，B？”

“确定，她是苏拉娅的宫廷女侍。”

“那我整顿饭除了失礼就没干别的了……”我试图记起来自己到底跟她说了什么。我是从恭维她有苏拉娅王后这么个可爱的女儿开始我们的谈话的。她穿戴着特别多的珠宝，我怎么也不会想到她是“宫廷女侍”。关于宫廷女侍看起来应该是个什么样，我并没有特别明确的概念，但我一直以为她们多少就像是女仆，而昨晚的那位女士看起来也太富贵了。

“宫廷女侍的出身都很高贵的，”B 解释道，“甚至有些人自己就是公主。她们自己必须得是要人，才有资格去做‘侍奉’的工作。宫廷中的那些女士（ladies）之所以有女侍（ladies-in-waiting）乃是为了她们——女士们——出行时不至于孤单一人。”这听上去有点儿像是《红男绿女》（*Guys and Dolls*）[1]。

“那她是女仆还是不是？”我问 B。这才是我最想知道的。

“不，她不是女仆。她是那个陪人四处走动的人，她为她们做事，而在她们做事的时候则在一旁等待。”

“要是这么说的话，”我说，“我就是我发型师的女

---

1 《红男绿女》是 1950 年的百老汇音乐剧，后曾改编为同名歌舞片。

侍。”我的行程全要看他想做什么，他去哪儿我就得去哪儿，他做生意时我就只能在一旁空等，有时一等就是一天，而且不到他要走的时候我也不能走，因为我从来弄不清楚自己是在哪儿又或者怎么才能回去，此外我要是真的走了他会在找到我时吼我的。

B 坚称我是“波普教皇”，而教皇不可能是发型师的女侍。理论上这当然没错，他说的是事实；但实际上，在我确是宫廷女侍的时候我自己是知道的，不管别人怎么说。这是困扰我的一个问题。

每个人都有困扰他们的问题，但关键是不要把你的问题当问题。比如说，如果你没有钱，而你每时每刻都为此忧心忡忡的话，你会得胃溃疡——那可就真的是个问题了，而且你还是不会有钱，因为当你倍感绝望的时候，别人是会察觉得到的，而没有人会想和一个深陷绝望的人有任何瓜葛。但是如果你自己对于没钱这件事毫不在意，那么别人会给你钱，因为你不当回事儿，他们也不会觉得这是个事儿，他们会掏钱给你，让你拿着。但是如果你对于自己没钱和拿别人的钱很介意，如果你认为自己不能拿，如果你心有不安，或者一心想着要“独立自主”，那就很成问题了。而如果你就那么把钱拿过来，像个被宠坏的孩子一样，毫不当回事儿地把它都花光，那就没问题了，而且别人还会想要继续拿钱给你的。

电话铃响了起来。

B 接起电话。“不会太久。”[1]

是我在都灵的艺术品经纪人打电话来邀请我们一起吃午饭。我试着跟 B 比划说，我想去个有樱桃的地方。

B 挂了电话，说已经定好了中午去跟我们的经纪人一起吃午饭的事，然后他问我：“你是怎么这么自律的？”

“你是想问一个人如何才能成为一个自律的人？”

“是的，我想知道怎么才能养成好习惯。沾染坏习惯是很容易的，人们总是**想要**学些坏习惯。假如有一天，你吃了一顿意大利饺子，你觉得味道不错，于是你第二天又吃了一顿，第三天又吃了一顿，没等你意识到你就已经养成了一个吃意大利饺子的习惯，或者吃意大利面的习惯，或者用药的习惯，或者性爱的习惯，或者抽烟的习惯……”

他是在试图让我为吃了那么多的樱桃而感到内疚吗？“你是在问我怎么才能摆脱坏习惯？”我问他。不是，他说他不想知道怎么摆脱坏习惯，他只是想知道怎么养成好习惯。

“每个人都有一些好习惯，”他说，“是他们想都不用想就会那么做的，那些习惯也许是在他们很小的时候就养成的——刷牙啦，不要满嘴东西就开口讲话啦，说对不起啦，但是另有一些好习惯，比如每天都练练笔写点儿东西啊，晨跑啊，就比较难养成了。我说‘自律’的时候想的

1 原文用的意大利语。

是这些，你是怎么培养新的好习惯的？我之所以问你，是因为你总是特别自律。”

“不不不，其实我不是自律，”我说，“我只是看似自律而已，因为人家让我做什么我就做什么，而且对于正在进行之中的事我也绝不抱怨。”这是我给自己定的一条原则，它由三部分构成：一、当一个状况仍在继续之时，绝不抱怨；二、如果你不敢相信这一状况居然真的发生了而且还在继续着，就当是在看电影；三、等状况结束了，找个人把事情怪到他头上，而且绝不让他们有忘掉的可能。如果你怪罪的那个人足够聪明的话，他会把整件事转化成一个逗乐儿的固定节目，这样不管什么时候你提起这件事来，两个人都能哈哈大笑——以这样的方式，那个可怕的状况最终可以在回顾起来的时候变成一件好笑的事。（不过这完全取决于你怪罪那个人的时候有多无情，因为他们只有在感到绝望的时候才能把那件事情转化成笑话，而你越是无情地缠住他们不放，他们就越是绝望，他们越是绝望，被逼出来的逗乐儿节目就越棒。）

“这不是自律，B，”我又说了一遍，“这不过是清楚自己真正想要的是什么。”任何事情，只要是一个人真正想要的，对我来说都没什么不可以。

“好吧，但让我们用香槟来举个例子。我这辈子都一直想要尽可能多的香槟来着，现在我喝上了比我曾经想要的香槟更多的香槟，但看看我得到了什么：一个双下巴！”

“但你同时也发现了香槟并不是你真正想要的——既然你不想要双下巴的话；你发现香槟不是你想要的，啤酒才是。”

“那我就该有啤酒肚了。”B 想到要是有了香槟双下巴再添上一个啤酒肚，大笑起来。

“那么啤酒也不是你想要的。”

“不过知道这个并不困难——没有人想要啤酒。”

“不，有人想要。”我跟他说。“实际上不就是你给我们讲的那个爱尔兰笑话吗？你说爱尔兰的七道菜晚餐是一道煮土豆外加六听啤酒。”

“好吧，恐怕确实是这样……但对我来说，比起东西本身，我想要的不如说是和那个东西有关的概念和意象。”

“那不过是广告手法罢了。”我提醒他道。

“你说的没错，但广告手法真的会奏效。因为我想要香槟的理由——大部分人想要香槟的理由，是他们为‘香槟’这个概念所吸引。‘那可是香槟啊！’这道理就跟他们被鱼子酱的概念所深深吸引一样。香槟和鱼子酱是身份和地位的象征。”

事情不完全是这样。在某些社会，屎是地位的象征。“你看，”我对他说，“当你最终喝出了双下巴的时候，你会意识到自己的价值选择出了问题，对不对？要想明白这一点，需要花上一些时间，但不管怎么说，你现在发现了问题。不过甚至直到今天，要是晚餐不是和阿芙甘奈利、库切奈利、皮克奈利、蒙波特或者范第森家族[1]的人一起吃的话，你都会显出一副鄙夷的样子——”

B 打断我的话，高声叫道：“我才不是这样的呢！我宁愿每天晚上都和办公室的那帮小孩儿一起吃饭！”

“是是是。”我应道。他这是想骗谁啊？“听着，我了解你。你迫不及待地想这就回去跟每个人说你和杜卡诺家族的人共进了晚餐，说上一百万次。”

“你也一样！你也一样！只不过你讲这些的时候会显出一副厌倦的样子，而我讲这些的时候会显出一副兴奋的样子，但我们的差别仅此而已！我告诉你，我宁愿跟和我年纪差不多大的可爱的孩子一起吃晚饭！”

“你打算什么时候开始请人到家里做客呢，B？你还没在你的房子里搞过派对呢。你住在适合开派对的上东区，你还等什么呢？”

“我住的地方太小了，一个开间而已。”

“你住开间？你没跟我说过啊。住开间多棒。”我想住在开间里，就一间屋子，我一直以来想要的就是这样。屋子里什么东西都没有，甩掉我所有的破烂儿——也许把每一件东西都拍成微缩胶卷或者存在全息晶片里，然后就那么搬进一间屋子里去。我太嫉妒 B 的生活方式了。

“你屋子里有空调吗？”我问道，出于嫉妒。

“有。”

1　以上家族名称和下文的杜卡诺都是沃霍尔仿照意大利人的姓氏特点胡诌的。

“嵌在墙里的那种？”

“对。你总是特别在意空调。也许我是应该开个派对。我要等一个热浪来袭的时候开，而空调就是我派对的主题。但我的开间太小了，大家最多在里面待上一个半小时，因为只要待上一个小时就会有人开始患上幽闭恐惧症的。我能办的最好的派对是提供香槟和坚果，然后带每个人跳舞。”

是时候开始为午餐做些准备了。B 回房间去穿衣打扮。我将餐巾盖在碗上，遮住樱桃核，这样我就可以不去看自己到底吃了多少。这是大吃特吃樱桃后的一个难关——那些核可以准确地告诉你你到底吃了多少。一个不多也一个不少，精准。只有一个核的水果就因为这一点特别困扰我。这也是我为什么总是宁肯吃葡萄干也不吃西梅干。比起樱桃核来，西梅核甚至更加壮观呢。

14

亮闪闪

在纽约，大多数时候的早上，我都会和这个 B 或者那个 B 通电话。我管这叫“报到”。我喜欢听 B 讲他从头天早上到当下的这一刻做的每一件事。我会问起所有那些我没有去的地方，所有那些我没有见的人。即使那个 B 头天晚上陪我一起去了派对或者俱乐部，我也会问都发生了什么，因为我可能错过了在屋子的另一边发生的事情。即使我没有错过任何事，我也已经忘掉了。

我记性很坏。每天对我来说都是新的一天，因为前一天的事我已经不记得了。每分钟都像是我生命中的第一分钟。我尝试去记忆，但我不行。这也是我为什么结婚，娶了我的录音机。这也是我为什么要找有着录音机般的头脑的人，和他们在一起。我自己的脑子就好像一台只有一个按键的录音机——擦除键。

如果我醒得太早，没法儿跟任何人报到，我就靠看电视和洗内裤来打发时间。也许我记性这样坏的原因就在于我总是在同一时间至少做两件事。忘记一件你只是半做不做的事是比较容易的，而忘记一件你只是以四分之一的心力来做的事就更容易了。

我最喜欢同时做的事是边吃边聊。我认为这是阶级的标志。有钱人比起穷人来有着许多优势，但最为重要的一个，至少在我看来，是知道怎样边吃边聊。我觉得这是他们在礼仪学校里学到的。而如果你常常出席晚宴，掌握边吃边聊是非常重要的。在晚宴上，人们期待着你吃，因为要是你不吃，就是对女主人的羞辱；此外你也被期待讲话，因为要是你不讲，就是对其他宾客的羞辱。有钱人不知怎的就是能做到，但我就是不行。他们从不会满嘴食物的时候却要开口讲话，但这种事总是落到我头上。总是我刚塞了一嘴土豆泥，就轮到我讲话了。有钱人则不然，他们似乎可以很自然地衔接和转换：一个人讲，另一个人嚼；之后一个人嚼，另一个人讲。如果不知怎的，在你咀嚼到一半时，那场谈话忽然需要你即刻发表一番议论，有钱人知道如何把嚼到一半的东西藏起来——不知是藏到了舌头下面，牙齿后面，还是半咽到了喉咙里面——而不耽误他们表达观点。当我问我的有钱朋友他们是怎么做到的时候，他们反问我："做到什么？"这显示出他们对此是多么地习以为常。我在家里对着镜子练，打电话时也练。与此同时，我打定主意，在我练就边吃边聊的完美技能之前，要坚守我为参加晚宴定下的基本行为准则：既不吃，也不聊。

当然，你可以保有不佳的行为举止，如果你懂得如何利用它。

一天早上，我正一边用吸尘器打扫卫生，一边看芭芭拉·沃尔特斯在节目里探讨死刑时，电话铃响了。我知道这是哪个 B 打来的，因为她是唯一会在我打给她之前打给我的人[1]。其他所有的 B 都是等我采取主动。这个 B 有着良好的出身，擅长抽象的、理论化的思维。虽然她背离了家庭、偏离了常轨，她的教养仍然透露着她的出身。她可以边吃边聊边走路。

我让电话响了十声，因为对死刑的探讨很是吸引人。终于，我拿起电话，飞快地说了一声："嗨，你可以先等一下吗？"我放下听筒，跑到厨房去拿吐司和果酱。在我等着吐司烤好的当儿，我阅读了果酱瓶上的标签。我把果酱连瓶一起带回到电话旁，因为我喜欢从瓶子里一勺一勺地舀，一口一口地吃。

"有什么新鲜事啊。"我说，耳朵夹着听筒，咬了一口果酱面包。

B 为我详尽地描述起芭芭拉·沃尔特斯的节目来。我没有觉得无聊，因为节目内容我已经忘了。当她讲到我面前的电视正在播出的内容时，我打断了她。

"还有什么新鲜事没有？"

"不知道。"B 恶声恶气地说，她是个不喜欢被打断的人。"你在干吗呢？"

"打扫卫生。"

1　依照本章内容推断，这个 B 还是序章中的 B，亦即布里吉德·伯林。

“打扫卫生这件事一天二十四小时都在搅扰着我。”B说。她是那种总是和你有着同样的问题，只不过那问题要严重上一百万倍的人。“我脑子里总是想着这件事。”她继续道，情绪完全被调动起来了。“接下来打扫哪里呢？抽屉，书桌，还是储物间？房间我已经用吸尘器吸过了，但储物间还没吸，我今天就得把这些事都做完。首先得把那块儿小地毯清洁一下。我一直都在用星条旗牌超强专业清洁剂（Old Glory Extra-Professional-Strength shampoo），而且我完全按照使用说明来操作——倒在一块六英尺见方的区域上，然后用刷子把地毯的绒毛都刷起来。之后我会带上一大堆东西——录音机、几本书、几本杂志和报纸——离开房间到公园去，坐在那儿和流浪汉聊天。大概三个小时之后我就可以回来了，我把所有的泡沫都用吸尘器吸干净。我必须确保自己有新的 E-11 吸尘袋来替换，因为我的吸尘器是胜家牌（Singer）桶型的那一款。我希望自己有的是胡佛牌（Hoover）。大多数人不用他们的吸尘器，因为用完还得收回到清洁用品间里去。如果你在别人家朝他们要吸尘器用，他们会说：‘哦，别麻烦了，那玩意儿太重了，还不够添乱的呢。’所以他们都是用地毯清扫器（carpet sweepers）。地毯清扫器实在是太过时了。地毯清扫器和笤帚。笤帚可没法让地毯的绒毛竖起来。用笤帚的话最后的结果就是笤帚上的小细毛掉得满地毯都是，然后你还得把那些小细毛一根一根地捡起来扔到废纸篓里去，本来是要清洁一下地毯的，结果又多了好多垃圾，除非你把它们扔到马桶里冲下去。清洁完地毯我就开始用吸尘器吸尘。我必须决定先吸哪儿。地板？不行。因为土会飞到其他地方。所以如果我还没铺床，我就先吸床底下。吸尘器上不接特别的装置。我就换上那根长管子，前面有一个带小孔的塑料接头，这样我就可以把角落里也吸干净。之后就该清理书桌了。我把所有的书都拿下来。给吸尘器换上刷子接头，圆形的那种刷子，拿起电话号码簿，先沿着上边吸，然后再清扫侧边。如果电话号码簿旁刚好放着我的鳄鱼皮背包，而我又在上面看到了一块污渍的话，我就一定得从储物间拿出装鞋靴护理用品的袋子，用皮革清洁皂（saddle soap）把污渍清理掉。我巨细靡遗地清洁每一样东西，确保屋子里没有半点儿脏乱。房子里，半点儿脏乱也没有，半点儿也没有！”

“别嚷，B。”我说，又舀了一点儿果酱出来。

“好吧好吧。现在假设电话号码簿边上放的是我的便携式收音机。在我用吸尘器给号码簿吸过尘之后，我把收音机从它的小皮箱里取出来，给皮箱的内部吸尘。这时我会打开收音机的后盖，放入一节新的九伏特电池，然后用那个带有小孔的接头给收音机的内部吸尘，因为这样可以保持电池上不带灰，你听收音机的时候就不会有杂音。之后就要处理我桌面上的那罐铅笔了。我把所有铅笔都从罐子里拿出来放到报纸上，但我必须把报纸放到洗手间的地上，因为我不想油墨蹭到地毯或者床单上。之后我把那个小小的铅笔罐放到溶了一些象牙皂和一点儿超棒的热水里[1]，我大概一个月前开始用——不是布里洛百洁布，它们本身不带肥皂[2]——你知道，就是那种也许能用来制作装饰艺术的胸针或者什么的金属丝做的东西。那些小小的金属丝做的百洁布可以把粘在罐底的墨水和铅笔屑都清洗掉。之后，在我把铅笔全都放回去之前，我必须确保它们都削得尖尖的，所以我从最上面的抽屉里取出转笔刀，走回洗手间，就着马桶削铅笔，因为如果我在屋子里就着废纸篓削的话，会有碎屑飘散到空气中，而且大概率会落到我已经打扫过的地方，而我真的希望可以一尘不染。削过铅笔之后，我把碎屑冲进下水道，把铅笔放回那个小罐儿里。之后我把所有书从书架上拿下来，放到铺在洗手间的报纸上去。之后呢，你知道，我会先用刷子把书架草草清扫上一遍，刷子接上吸尘器来用。之后我要给书架上光。我拿出灰尘终结者（Endust）来，它比古铜（Old Gold）、碧丽珠（Pledge）或者柠檬碧丽珠（Lemon Pledge）都好用。给什么东西都加上柠檬味简直是胡来，我想这是1973年的事。那一年，一切都开始出柠檬味的款式。今年，一切都亮闪闪，所以灰尘终结者也能让家具亮闪闪，我将它喷在一块儿干净的黄色抹布上来用。我得记着在做完所有的除尘工作之后把抹布洗干净。我拿着抹布开始擦

1 象牙牌香皂（Ivory soap）是宝洁公司的一款产品；超棒（Fantastik）是由陶氏化工（Dow Chemical Company）生产的一款清洁剂。

2 布里洛百洁布（Brillo pads）是在钢丝球内混合有肥皂的一款清洁用品，安迪·沃霍尔曾以布里洛百洁布的包装盒做作品；这里B用的百洁布（pads）是不带肥皂的钢丝球。

书架。我有个小东西是用来装烟的——不是盒子，是个玻璃杯一类的东西——我把所有的烟都拿出来，把那杯子对着马桶晃了晃，这样烟草碎屑就不会弄得到处都是。这之后我继续擦旁边的小金属罐，我的钢笔和圆珠笔都收在这里，还装了一把剪刀、精准（Exacto）刻刀和其他这类东西。我检查所有的圆珠笔，确保每支都能写。如果有哪支第一笔就不出水，我就直接扔垃圾桶。我给垃圾桶配了非常好用的垃圾袋，二十二乘四十四英寸的，这样扔完垃圾我就不用洗垃圾桶了。

"之后我拿吸尘器接上刷子，把所有的书都扫一遍，书的侧面和上面全都扫到。如果有的书衣看起来松松垮垮或者破破烂烂的，我就拿些贴纸（ConTact paper）[1]过来粘在书的外表面，再用一张和贴纸颜色相衬的纸打一个标签，粘在书脊的下方。如果我有一本旧书，比如说福尔摩斯吧，书衣的边角烂了，那么呢，我就把书衣拿掉，之后如果书本身的颜色和房间不搭，比如如果它是深棕色的——我不喜欢深棕色，我喜欢黄色——我就会用贴纸来处理。这样我的书架看起来就能齐整一些。清理完书架，我就得给打字机吸尘了。这可是项讨人厌的活计。我必须得非常小心，不然就可能弄坏我的打字机。我把吸尘器拿过来，上面还是接着那个刷子的接头。我打开吸尘器，轻轻地用刷子扫过所有的按键。之后我给吸尘器换上细长的

1 这里应是指 ConTact 牌的贴纸（contact paper）。ConTact 这一品牌名，现今官方写作 Con-Tact，按照他们官网的介绍，这一品牌是家用装饰贴纸的首创者。

软管，我用螺丝刀拧松螺丝，把打字机的上半部分取下来，之后我开始逐一清理每个按键。我拿过来一瓶工业酒精和一整盒的棉签。我打算大手笔地把它们全用掉，一支棉签的一头我只擦一个字母。既然每个按键上有两个字母，每擦一个键我就得用掉一支棉签。之后我用嘴对着打字机稍稍吹气，把灰尘都吹到那个大孔里，再用吸尘器把灰都吸出来。之后我拿出超棒，喷一些到可以重复使用的随手擦（Handi-Wipes）——它们是这么叫的——上面。随手擦的颜色有黄白相间的，绿白相间的，还有粉白相间的。我用黄白相间的。今年所有东西都是绿色和白色或者黄色和白色的。不是柠檬黄，就只是黄色。我不知道为什么。我在随手擦上喷一点儿超棒清洁剂，我用棉签和少量的超棒来处理黑色按键之间的白色部分，确保它们都擦得干干净净的。有钢琴的人也应该这样做。你必须小心别让超棒滴进键盘里，因为那会损伤打字机的内部。这之后我要把所有的电线插头都擦干净。我必须看好它们都拔掉了以免电到我。白色的电线延长线很容易脏。如果有一根实在是太脏了，我就把它拔下来，同时在小号的白色记事簿上记上一笔："买新的延长线，六英寸的"。这之后我开始清理书桌的抽屉。我在最上面的抽屉里存了很多磁带，所以我需要确认所有磁带都是按顺序码放的。我拿出整整一排来，把它们放到报纸上。之后我拿起超棒朝着那个区域喷，再用随手擦把那里擦干净。之后我逐一处理每一盘磁带，擦去灰尘，再用一小点儿稳洁（Windex）擦拭磁带外表面，稳洁对塑料外壳能起到保养作用。我从不打乱磁带的排序，它们都好好地待在自己所属的行列里，因为有一次我把两年的带子混在了一起，后来花了我很长时间才把它们重新排成序列、按日期码好。这时候我往往会有一点儿分心，因为我可能看到一盘磁带，心想："哦，天呐，这个人已经死了，我该把这盘带子拿出来听一下。"然后我就飞快地把那盘带子听上一下。这之后我开始处理第二个抽屉，里面装的是文具：一叠黄色横格纸在最下面，上面是一叠小一些的横格纸，再上面是更小一些的，最上面交叠着放了一沓信封——所有东西的尺寸都正正好。我把抽屉里的东西都拿出来，逐一看过，看自己是否还想要留着它。比如，我有从艺术用品店买来的两个记事簿，是用来写电视广告的，上面印着电视机的图案。嗯，我知道自己大概永远都不会用到它们。之后我开始查看那些信封。每个信封上都贴着齐整的标签，上面的字是我用打字机打的，清楚地标明信封里装的是什么。如果标签脏了，或者看起来有些破破烂烂，我就重新打一个贴上去。如果我是为了里面的信而保存的信封，我就把信看上一遍，看我是不是还想保留它们。嗯，我还可能会翻出一些生日贺卡。你知道，凡是那些一年前对我还很动感情的人寄来的，我就直接都扔掉。此外，如果贺卡不漂亮也扔掉。我懒得费劲把它们归到"名人寄来的卡片"那一档。我有一些大号的明信片，应该放到明信片收集盒里，但盒子我忘记买了，所以我把这个记下来，准备之后买。我先量了量明信片的尺寸。等我有足够的钱了，就去戈德史密斯兄弟（Goldsmith Brothers）那儿买盒子。抽屉里还放着我的那些小小的通讯簿，有欧洲的、英格兰的、西班牙的、罗马的和巴黎的，都是上面绷了根松紧带的款式。此外还有我巴黎时期的日记和去年的日历——保留上一年度的日历对于报税很有用。我还有些六十年代的神游录[1]，我自己其实用不到，但我确实不想把它们丢掉，因为过些年它们可能会变得值钱的——当人们复兴六十年代的时候。我把它们全都从抽屉里取出来，然后拿连上了刷子接头的吸尘器给抽屉吸尘，之后我把贴纸也取出来——我在每个抽屉里面都衬了一张贴纸——因为我想把贴纸下面的灰尘也吸干净。我想要一直清洁到抽屉的木头——”

“喂？”像往常那样，我们的通话被切断了。B 在一家小型长租酒店住，酒店的总机总是超负荷。负责总机的接线生会时不时把 B 的电话线拔了，因为她觉得 B 占用了比她应有的通话时间更多的份额。一旦发生这种情况，B 就不得不为了一条新的线路等上几分钟。她对此倒也并不真的介意，我也一样——这给了我们时间去厕所或者忙一下别的事。然而这一次，B 足足过了二十分钟才给我打回来。我实在是不需要那么多时间待在洗手间。我都想打电话给另一个 B 来打发时间了，而就在我要拿起听筒的

1 “神游录”原文为 trip books。这里的“神游”（trip）指服用具有致幻作用的药物后产生的迷幻体验，六十年代有些人会备有本子，当自己置身于幻觉中时，写画些东西。这类本子即神游录。

时候，电话铃响了，这个 B 打了回来。

“抱歉，今天总机特别忙。”她说。

“但我等了二十分钟。”

“A，我脑子里想的可不是时间，我在考虑的是细节！”她咆哮道。“我在想我必须完成的所有的清扫工作！在我清理完放文具的那个抽屉之后，在我给所有那些小号白色记事簿和航空信封吸过尘之后，在我把它们全都取出来又全都放回去之后，我仍有最下面的抽屉需要处理，那个抽屉是装照片的。此外抽屉里还有很多信封，上面写着‘其他’，而这正是我力图在我的生活中克服的事项之一。‘其他’，我必须消灭它，因为没有什么是‘其他’，所以我已经决定了，要把每一样‘其他’都归到另外的类别里。所以我拿出诸如‘授权书’这类东西；还有人们给我退回来的信封，里面装着我寄给一些人的照片，但寄到的时候他们已经死了；还有我从书里面剪下来的照片，全都是这类东西。我问自己：‘我真的要留着这些授权书吗？’于是我拆包查看。嗯，我不会留着所有这些授权书的，我就只留重要的那些，其他的都扔掉。我能清理掉足足八分之一英寸厚的文档，如果我把某人——比如李·塔尔贝格（Lee Tallberg）——扔出去的话。李·塔尔贝格，这人谁啊？还有罗滕·丽塔，嗯，也许罗滕·丽塔我应该留着。彼得·胡戈（Peter Hugall）……嗯，也许我该留着这些授权书。也许我可以拿这些授权书做一本书。我把它们就那样放进同一个信封里，然后就那样出版出来——‘信封里的授权书’。之后我得查看一下质保文档。显然，过了九十天的质保期就没有必要留着那些质保卡了。所以我把那个信封翻查一遍，光是扔掉 1965 年的质保卡——录音机的啦，相机的啦，你知道的——就足足清掉了一英寸厚的文件。而且我寄过保修卡回去，自己留着那个小小的底单，然后过了一年他们给我寄回一张 IBM 的卡片，上面写着：‘若您需要有关下列零件的服务，须付十七美元。’之后，不用说，我保留着过往三年每个月的收据用来报税。这些收据我都归置得很整齐，放在商务信封里——尺寸其实不太合适；不过我把所有 1973 年的收据都收在一个上面写着‘收据’的牛皮纸文件袋里。之后是我用复印机复印的各种东西的影像。因为我一开始复印它们肯定是有理由的，所以我没理由要把它们都查看一遍。之后是‘想法’。嗯，这个标记着‘想法’的信封目前还是空的，不过我也许会有想法的，所以还是可以留着这个信封以作归档之用。接下来是‘待付账单’。嗯，其实呢，将‘待付账单’归档后收在抽屉里不是个好的做法，所以如果我想成为一个更好的管家，我实际上应该把我必须要付的账单都拿出来，放在看得见的地方。‘律师’，嗯，所有律师发来的信函都标注了日期，我把它们按顺序放好，最后寄来的信放在最上面。这份文档是我要保留的。‘待写的信’。好吧，我得说这是另一份愚蠢的文档，因为里面只有一封信，是为了要寄回一些东西给海纳·弗里德里希（Heiner Friedrich）[1]和约翰·焦尔诺（John Giorno）[2]而写的，不过我知道自己是绝不会寄的了，所以我会把它扔掉，这样又清理出了八分之一英寸的空间。接下来是‘信件副本’。这是份有意思的档案，因为都是些我写给别人的好笑的信。‘一些可以拍电影的点子’。这也是份很好的档案。我还没想出来什么点子，但我一直都在想。再来是我的‘会计师’信封。这是份我会往里添加材料的档案，每次我看到诸如《纽约》（*New York*）杂志上关于用绿植来抵税的文章，我就把它剪下来，放到档案里给我的会计师参考——‘抵扣税款的威力’——拿家庭办公室来抵税，这样下一年好用。‘毒品律师’，这是个剧本，嗯，没有理由不留着剧本。‘校园戏剧’，这是一部手写的原创电影剧本。接下来有个装外国硬币的小东西。我想我应该就只留心把戈比[3]收妥，因为我没什么英国钢镚儿，有的都是俄国的，所以我会把它们收好。这样这个抽屉就都清理好了。现在我得拿我的随手擦，配合着灰尘终结者把书桌擦干净，边边角角都擦到。之后我得从洗手间的洗手池下面的废纸篓里将最为恐怖的一款产品拿出来，它就是诺克森（Noxon）。它真的是所有产品里最呛人的

1　海纳·弗里德里希（1938—　），艺术品经纪人和收藏家。

2　约翰·焦尔诺（1936—2019），诗人，表演艺术家，曾组织过多个早期多媒体诗歌实验，包括1968年开始的“打个诗”（Dial-A-Poem）——你拨电话过去后会随机听到预先录好的诗歌朗诵，什么样的诗都有，有时则干脆不是诗。焦尔诺还是沃霍尔的早期电影《睡》（*Sleep*，1964）的主角。

3　俄罗斯等国使用的辅币，一百戈比等于一卢布。

一款。但我必须要处理书桌上的金属件，把那些小小的把手都擦干净。我撕开一个枕套，因为用破布是不合适的。我必须要用诺克森把所有的细微处都擦到。书桌上有六处金属固件，此外我还可能会将门把手也顺带都擦了。之后一周左右的时间里，如果我希望书桌的把手能保持光洁闪亮，我会在每次开抽屉的时候都戴上睡觉时戴的那种白手套。这之后我意识到还有五斗橱的抽屉也需要处理。之后我又意识到我忘了那个放铅笔的银杯，而且我也可以干脆把所有的银制品全都处理一遍。所以我去把我唯一的一把银勺——从我妈那儿偷来的——和我心情好时会拿出来用的小小的银制咖啡匙，还有我的银杯和银制钥匙链都拿了出来，又去洗手间取出我的戈勒姆银器抛光剂（Gorham Silver Polish）。我戴上有内衬的黄色胶皮手套——有内衬的手套不会粘手，但戴手套前我还是会先在手上扑点儿强生婴儿爽身粉。银器抛光剂和诺克森都特别伤手，粘上的话会让你的手发干。那是种非常古怪的感觉，就像你口干舌燥时一般。扑好粉、戴好手套，我用一小块布开始擦拭银器，之后我把它们放到温热的肥皂水里去漂洗一番，再之后我开始抛光。不过因为我不想再弄脏一块布，所以通常我都会用手纸来做抛光。之后我又想把桌上的一个花瓶清洗一下，所以我把它放到肥皂水里去，然后把手纸塞到花瓶里把底部的水吸干。忙完这些，我就得开始处理最上面的抽屉了。”

“你已经处理过最上面的抽屉了。”我一边嚼着果酱一边说。

“那是我书桌最上面的抽屉。”B 低声吼了我一句。“我还得处理五斗橱最上面的抽屉。之后我还得给房间吸尘，因为要是我先吸尘，过会儿又得落灰。好了，反正我得先处理最上面的抽屉。我把它抽出来。不管我清了多少次，它总是一团糟。我只能在清理它之后让它保持一个小时的整洁。我必须在心里接受这是一项永远不会结束的工作。最上面的抽屉永远都会是脏乱的，而我也永远都要给它吸尘。我的意思是，如果我早上叫了外卖咖啡，我从那个小纸包往咖啡杯里倒糖时，会有些细小的砂糖粒落在五斗橱上，或者落在地上。我也许感觉不到那些细小的砂糖粒，但我知道它们在那儿。我可能看不到，但我知道那儿需要打扫。那块儿小地毯上也有磨损了的地方，你知道，就是地毯上能看到一条纹路，编织地毯用的线裸露出来，上面的颜色已经没有了。我将我所有的记号笔（Magic Markers）翻检了一遍，终于找到了合适的颜色。我先在一张纸上试了试，然后轻轻地用笔沿着那条因为磨损而显露出灰色的痕迹线涂画，确保它和周围的颜色匹配。接下来，我的眼镜看起来有点儿脏，我把它从抽屉里拿出来，放到另一张报纸上。报纸下面垫着一块大毛巾，毛巾铺在床上。我不敢把眼镜直接放在昨天刚从洗衣店取回来的床单上。之后，让我看看。眼药水。嗯，我有五瓶眼药水：洗眼液（Collyrium）、视清（Visine）、目凌二号（Murine

Number Two）和法国的蓝眼药水（Couleur Bleu）。[1] 眼药水**本身**当然并不脏，但是那些小小的瓶盖都挺脏的，需要用超棒擦上一遍，还需要掸灰。所以它们也被放到了毛巾上。接下来是一罐凡士林倍护润肤乳（Vaseline Intensive Care cream）。它**本身**并不脏，但罐子上落了些咖啡渣，一些盐，一根头发，一些线头……如果我用放大镜仔细看的话，也许还能看见罐子上有汤滴落的痕迹，所以它需要用超棒来清理。我把所有东西都从最上面的抽屉里拿出来，放到毛巾上。然后我用上了刷子接头的吸尘器将每一个清空了的空间和隔板都又吸又扫了一遍。之后我去洗手间，确认洗手池是不是特别地干净。我拿出来苏尔洗手池清洁剂（Lysol Basin Cleaner）——不是来苏尔去除坏气味的喷雾，也不是用来刷马桶的来苏尔，来苏尔的这款产品是用来清洁洗手池和浴缸的，它是一款喷雾剂。我拿它喷在洗手池和排水口上，下水口也喷了几下。我戴上我的胶皮手套，开始清洗我的气垫梳和扁梳，以便它们洁净无菌。我把我的五把扁梳和梅森·皮尔逊（Mason Pearson）气垫梳放到——哦，我会先看一下我的夹克确认没有扁梳留在衣服兜里，也会看一下衣帽间——我把它们放到象牙牌清洁剂（Ivory Liquid Detergent）里。我让它们泡上五到十分

1　视清（Visine）和目凌（Murine）都是眼药水品牌名。“法国的蓝眼药水”的原文是 there's French Couleur Bleu，直译为“法国的蓝色”——Couleur Bleu 是法语“蓝色”的意思。不知是原文编辑失误，还是 B 就是按照这个名字记忆的，她指的应该是名为 Collyre Bleu（法语“蓝眼药水”）的眼药水。

钟，然后用那种刷手或者刷指甲的小刷子进行刷洗。我喜欢从五金店买小刷子来用，一个三十五或三十七美分，现在有白色刷毛的卖。我觉得白色刷毛的刷子比用天然猪鬃做的刷子在洗手间里看起来更漂亮。白色刷毛让刷子看起来又干净又好。每把扁梳我都前前后后刷两遍，每面一遍，在肥皂水里用小刷子刷。之后我把洗手池里的肥皂水放掉，拿着梳子去浴缸那边在流动水下把梳子逐一冲洗干净。之后我把扁梳和气垫梳放到白色擦手毛巾上，再把它们包起来。之后我把它们放到窗台上去晾，十五分钟就能干，不过我会让它们一直包在擦手巾里，这样它们才不会粘上煤烟灰。这样梳子就都洗干净了。接下来是一个塑料盒，里面放着我所有的美甲用品、镊子和挤痘痘的工具。我这么打扫着卫生，想起来我其实不只是要把所有的东西都弄干净让它们恢复原初的状态，我还得同时把废物清理掉。所以如果我有十支镊子在那儿，为什么不赶快拿一面镜子出来用镊子在这里那里拔几根毛试试好不好用呢？一旦试完了镊子，我会检查一下镊子，确保上面没有粘着皮脂屑或类似的东西。如果镊子看起来挺干净，也很好用，我就把它放回它小小的托架上。如果那支镊子不好用，我从书桌里拿一个信封出来——一个白色的信封——放进打字机里，打上‘待修的镊子’几个字。之后我拿起指甲刀。指甲刀通常状况良好，因为我一般都会把它们放在指甲刀封套里。如果它们看起来脏兮兮的话，那是因为放指甲刀的封套上部都是透明塑料做的。封套的外面并不脏，因为所有指甲刀都收在一个塑料盒里而盒子则放在五斗橱里，看起来脏兮兮乌突突的是塑料封套的内面。所以我必须得拿布过来，剪下一块儿，上面沾一点儿超棒，然后就那么塞到塑料封套里面去，这样塑料就干净透明得像玻璃一样了。你能想象吗？之后我把我小小的指甲刀再放回去。然后我把其他东西都倒出来，比如指甲亮白剂，还有，噢，对了，那些修指甲用的小木棍儿。嗯，如果有哪根脏了或者尖头不够锋利了，我就直接丢到垃圾桶里去，然后在另一张购物单上记一笔。把单子插进打字机，打上‘要买的东西’，加下划线，之后打上‘橙棍’（Orange Sticks）[1]——它们叫这个名字。之后我该查看眉笔和……”

就在这时我打了个哈欠。不幸的是，我正在往嘴里舀更多的果酱，而因为那个哈欠，果酱被吸到了过深的地方，我的喉咙拒绝了它，把它吐得满听筒都是。我放下所有东西跑到厨房去拿厨用纸巾，又回来把听筒上的果酱擦掉。B在那边听到这一切，以为我对谈话感到无聊了，但我没有。我只是让边吃边聊给难住了——打哈欠也是讲话的一种。

“……好好好，所以我已经把最上面的抽屉整个打扫干净了，清空了它又清洁了它。现在我拿着我的胡佛吸尘器，最为老旧的款式，也是最好的款式，又脏又旧的胡佛吸尘器。但它太难操作了。我更喜欢桶型的。我必须得处

1　这种修理指甲用的小木棍最初使用橙子树的木料制成，故名“橙棍”。

理那些活动百叶窗。我总是能看见上面的灰尘，这弄得我要发疯！发疯。因为我真的可以看到落在上面的灰。而且如果我用手指触碰它，我知道灰尘会飘到空气里去。所以我踩在一把椅子上，左手握着吸尘器，我把刷子接头又连上了。我拉一下绳子将百叶窗完全打开，然后我就来来回回地沿着叶片吸尘。之后——在我已经把灰都吸干净之后——我必须得清洗这套百叶窗。我就那么全身赤裸裸地站在窗户旁，想着我要清洗我的百叶窗。又是清扫又是吸尘，我实在是太热了。你看，人们不明白吸尘器就像是玩具一样。你能想象吧，就好像你给小孩儿一车从十元店里买来的小机器人，开了开关可以满屋走的那种。我的意思是说，吸尘器实际上可以被装扮得像玩具一样。一台桶型吸尘器看起来可以像一匹小马，就那么摆在那儿，摆在一个孩子的房间里，就可以看上去很可爱。我的吸尘器挂在洗手间的门后面，所有的接头也都放在那里。说回百叶窗，一旦把上面的灰尘都清理掉——因为如果还带着灰就清洗的话，整个浴缸就会全都是灰——我就把百叶窗取下来，拿一瓶劲德（Zud）[1]——整整一金属罐的劲德——把它和铵矾混在一起。这个味道特别呛。之后我把百叶窗放到浴缸里。做这个的时候我总是戴着胶皮手套。之后我用吸尘器把所有其他的抽屉和地板都吸一遍。基本上我想要的是让小地毯上的绒都能恢复原状，但在开始吸尘之前，

1　去污剂品牌，目前包装上的宣传语是“去除锈迹及其他顽渍”（Removes Rust & other Tough Stains）。

我会先把能找到的小碎渣都捡起来。如果我看到一块污渍，我就拿出清洁剂来。现在新出了一种清洁剂说是只要喷上去再用吸尘器吸一吸就可以了。所以我喷一些到污渍上，它渗透进地毯的绒毛里，几分钟之后，我用吸尘器把这块儿吸一遍，就都干净了。对付小地毯上的污渍还有颜色不匀的地方，我用那种小小的涂色棒（spot-sticks），还有蕊风（Renuzit）清洁液，或者类似的东西。吸尘器我用那个非常小的接头。因为我吸小地毯的时候要跪下来，而且做这个的时候我总是光着身子——我从没有穿着衣服吸过尘——我手持那个小小的接头在污渍处吸上拔起来、吸上拔起来。我看得很仔细，确保把所有东西都吸干净了。我对自己说：'天呐，为什么我这块儿青绿色的小毯子上净是些洗手间脚垫上的黄色小细毛？'我吸起来的毛毛都是黄色的！因为你知道的，它们全都粘在吸尘器的边角上。我就这样尽我所能地吸着尘，小地毯的每个边角都吸到，甚至在吸到某一角时我把地毯掀了起来。我顺势决定：'为了更尽兴，我要把整个毯子下面都快速过一遍。'小地毯的下面，地板已然老旧开裂，还钉了几个钉子。吸毯子下面时，伴着'噼里啪啦'的声音，我总是能吸出来不少东西。吸到储物间的时候，我非常兴奋，我把所有东西都搬出去，地板上永远都落着五亿片从墙上剥落的油漆，我能听到这些小碎片噼里啪啦地被吸到吸尘器里，我喜欢这个声响。我太爱听着它们被吸起来的那种感觉了，我爱它的程度就如我爱给烟灰缸吸尘一般。你看，如果吸尘器就像是个孩子的玩具，像自行车一般总是停放在那里，插着电，之后就那么咻地一声把东西顺着软管吸起来，那实在是很棒的一件事。但是有些人却抱怨它太重太沉，光是想到要把它从储物间里拿出来就已经让他们头疼不已了。我还是个孩子的时候，必须在派对结束以后打扫卫生，我是第一个想到可以接上四十根电线延长线把吸尘器拿到泳池边、吸起散落在草坪上的千千万万个花生壳的人。没有其他人想到过这个主意。那些愚蠢的家佣实在太过愚蠢。他们就会跟我说：'去把花生壳捡起来。'好吧，我一开始也确实拿手捡来着，但是后来当他们推着割草机来来回回，而我在草坪上操持着我的吸尘器时，我确实把他们吓着了。用吸尘器我只花了五分钟就清干净了所有花生壳。

"这之后要处理的是我放茶包的盒子里散落的茶叶。立顿（Lipton's），有大概四十五包吧。我把所有的茶包都从盒子里取出来，然后把盒底吸干净，因为有些茶从茶包里跑出来了……之后我害怕起来，不知道我的邻居会不会听着这个响起来没完没了的吸尘器，以为这边的房间凌晨两点叫了一位女佣来为新到的房客打扫卫生。你能想象吧？我总是忘记我还得把所有的购物袋都吸一遍，因为它们的底部全都有些残留物。你知道，可能是一张小纸片，一粒花生米，一点儿麦片，或者随便什么东西。我必须把袋子就那么放到地板上，两脚踩进去，之后我就可以把吸尘器的管子伸进去了。不这样的话，我是说，如果你就手里拿着购物袋直接吸的话，就把袋子直接吸进去了。这之后我用吸尘器清洁我的绿植。我必须非常轻柔。我只拿吸尘器处理泥土部分，就是承接着盆的碟子的底部。我还以非常非常轻柔的手法将叶片上的灰尘吸干净。这之后我打开空调机的面板，我关掉空调，我用吸尘器将面板里面的滤网吸干净，之后把空调机上上下下都吸上一遍，再去吸窗台，窗台的下面和四周都吸到。如果有什么东西吸不下来，或者有什么不对劲，我就在记事簿的‘待做之事’上记下来要粉刷窗台上的斑驳处，以及把暖气变色的部分粉刷一遍。

“我也可能会找个地方把吸尘器粉刷一新，刷成绿色或者黄色夏天用。吸尘器实在是太棒了。在吸尘器底部，你可以拿那个带吸气口的软管过来，把它接到吸尘器的底部，这样它就能喷出气来。有一天我手边没有吹风机，我想为什么不用这个来吹干我的头发呢？于是我就把管子接到喷气出来的那个部分，结果把集尘袋里的东西都吹了出来。它把灰尘碎屑吹得到处都是。说起来，只要查看一下吸尘器里的集尘袋，你就能知道自己的日常习惯是不是有了什么改变。

“A，你知道我对于我房门外的卫生状况有多看重。女佣打扫走廊时我是可以听到的，她不用吸尘器，她用扫帚，而且她打扫走廊对面的房间也是用扫帚。走廊也是我的地盘啊，我觉得她这么做是错的。所以我还得把整个走廊也都用吸尘器吸一遍。有一天，事情颇有些火药味儿。因为他们不擦洗走廊嘛，我就穿了条非洲连衣裙跑到走廊里擦洗墙面。因为我买了款新产品，在用到我自己的墙上之前，我要在他们的墙上先试一试。我用的是大块头（Big Wally）。这些产品都是我看电视买来的。所以我就那么在走廊里用大块头擦洗着墙面，那个女佣就那么在边上看着我，她什么话也没有说。但我向她示意来着，仿佛在说：'我懂，工会不让你这样做，对吧。'"

不知为什么，我们的对话弄得我特别饿。但是光这么吃平平无奇的葡萄果酱，我已经开始有点儿腻了。我想来点儿更有异域风情的东西，比如番石榴。于是我轻轻地放下听筒，蹑手蹑脚地去了厨房。B 还在继续说着。

"这让我想起厕所里的艺术来。事情是这样的：有一天，我决定把我所有的裸照都撕掉。当时我正在给我的宝丽来相片吸尘，在那之前我已经给我的支票簿吸过尘了。我决定把放宝丽来相片的几个小盒子全都吸一遍，因为它们里面有好多食物残渣和头发。我不知道是不是所有人都这样，我不知道为什么总是一开抽屉就会往里面掉头发，实在是搞不懂。不管怎么说，我必须把所有的宝丽来都取出来，而且就像我取磁带出来时一样，我必须确保它们的次序不被打乱，因为它们全都是依次码放的。所以这天我决定把我所有的照片都过一遍——所有只有我的照片，我跪着、嘟着嘴、把两乳挤在一起给自己拍的那些照片。我把所有照片都过了一遍，那些不好的全都撕了扔到了垃圾桶里。第二天，那个工程师过来了——当时是我打电话给他说要再借五美元还是多少，因为钱就跟打扫卫生一样，是我特别操心的另一件事——这个先不管，我问他能不能再借给我五美元，他说可以，这位工程师是个黑人，就在这时，他说：'我有一些和你密切相关的东西就在这里。'说着他拍了拍他左边的衬衫口袋。我问：'什么东西啊，约翰？'他说：'我把它紧紧地贴着我，就在这里。'他把它拿了出来，他给粘起来、复原了，此时就在那里，一张我的裸照。嗯，因为这件事，对于该把什么东西扔到走廊尽头去，我开始有所选择。现在很多时候我都把东西放在购物袋里带出旅馆，然后拐过街角，扔到下一个街区的垃圾桶里去。我必须这么跑上一大趟，因为有时候当我开始把东西冲进马桶，我会一边冲，一边想走廊对面的人最好不要以为我是拉肚子拉了三个钟头。像是《电视指南》，又或者一个空烟盒。我不想把它们扔到废纸篓里去，因为我希望纸篓能就那么空着，所以我就坐在浴缸的边上，《电视指南》一次撕两张，这两张再撕成四五块，放到马桶里冲下去，一整本《电视指南》我就这样全部处理掉。你知道，要是我刚扔完垃圾回来却看到上周六的《指南》的话，我就这样把它处理掉。我也这样处理空烟盒。我先把那张锡纸取出来搓成小球放到马桶里，然后再把万宝路（Marlboro）的小盒子撕成小碎片。我打定主意自己可以把很多东西都冲下马桶去。噢，就在这时，我想起来有一盒牛奶在窗台上已经放了四个小时，我觉得它已经坏了，但我从来都不会尝尝看它是不是真的坏了，所以我把牛奶倒进马桶里。之后我不得不回房拿剪刀，因为我左手的手指有关节炎，有时扯不动牛奶盒，所以我必须得用剪刀把纸盒剪成一小块一小块的，再冲下马桶去，前后大概得冲四次……喂……喂……”

“嗨。”我应道。我拿着苹果酱和一把新勺子刚好赶了回来。

“我不喜欢你就这样丢下我，A。如果我能跟自己聊天的话，我会的；但我不行。这就是我为什么需要你。”B就要哭出来了。她对于我们聊天这件事十分动感情。

“好的好的，我听着呢。”我对她说，一边拧开那瓶崭新的苹果酱。

“有时我会把成吨的食物都冲进下水道。就比方昨天吧，我给你讲讲我昨天都往厕所里扔了什么吧。你要听吗？”

“还等什么？”

“好的，好的。我分六次把一些小萝卜的顶部冲进了下水道，还冲了两个塑料袋——一个是装胡萝卜的，一个是装小萝卜的，以及一个当时从店里买胡萝卜和小萝卜回来时用的纸袋。之后我又把胡萝卜的顶部和胡萝卜的尾部也冲进了下水道。再之后我把沾着疯狂牌（Krazy）混合盐吃胡萝卜和小萝卜时用的纸盘也撕碎了扔进马桶里。每一样东西我都是分着冲的，所以这就冲了十五次。还有，旧的药片我也冲进下水道。就在这时，我听到收音机里的广播，变得很紧张。那个广播是这样的：‘这是你必须知晓的一个数字怦怦怦怦。你知道你的数字是多少吗？快测一下你的血压吧！’就在这个时候，我觉得我要死了，所以我就想：‘哦，天呐！我最好把那些色情玩意儿扔一扔。’于是，我回到放宝丽来相片的那个抽屉。昨天我决定把那些裸体男孩儿扔掉。我拿出上面标着‘鸡巴，年轻’的档案，把里面的照片撕成碎片冲走了，再之后我把那些男孩儿也冲进下水道。我那会儿不是拿肌肉杂志做鸡巴拼贴画么，别人会拿那类杂志给我，而我总是担心自己会因为这些杂志被抓起来。所以我就把所有的鸡巴都剪下来，放到一个小小的棕色信封里，但接着我就得对付那些杂志了。要是把它们丢到走廊尽头，我心里总是不踏实，所以我必须把每本杂志都剪成小碎片，冲进下水道里去。这之后我还有很多东西是他们说不能冲进下水道的。我有一次冲防尘布时遇到了麻烦。那是我请一个小伙子来给我粉刷房间时铺在我的小地毯上的一块儿塑料布，他干完了活，我收拾屋子，把该扔的都扔了，就是忘了那块儿防尘布。于是我把它剪成四块儿，想说就那样冲进马桶里去，结果它鼓成了一个泡，从马桶里出来了。所以啊。马桶里的艺术和浴缸里的艺术。我一个朋友跟我说，他的心理医师推荐给他的治疗方法是洗澡的时候用手指画画。所以我真在他公寓里见过手指画的颜料，不过浴室里倒是没见着。因为如果你洗澡的时候在瓷砖上用手指画画，等你洗完了画也就冲掉了，你从浴室出来时墙上就又干干净净的了。所以我决定画点儿东西——在我停止搞艺术的时候，在我不再买马丁博士（Dr. Martin's）的水彩颜料、染料、记号笔或者其他诸如此类的东西的时候，因为这些玩意儿弄得屋子一团糟。我是说，我得备一小瓶水，还得有那种塑料的小东西来让笔刷保持干净，还得把我的绘画套装用其他东西清洁干净，而这真的得在洗手间里好一通忙活：让水冲过整个颜料盒，让每种颜色都保持自己的颜色。因为我会把橙色、绿色和黑色都弄到一个颜料格里去，所以光是拿热水冲洗颜料我就能费去半盒的量，还得边冲边拿卫生纸把混进去的颜色沾出来，再冲到马桶里去。所以我就跟自己说：'再不画了，再不搞艺术了！'之后我又跟自己说：'我得把这些美术用品、把所有这些马丁博士水彩染料都用完，这样我就可以把它们扔掉了。'我本来也可以直接把它们都扔掉，但是我心说了：'去死吧，我要拍一部电影出来。我要把它们丢到浴缸里。'所以我就拿了粉色的那管儿，就那么挤到浴缸里。之后我拿了一点儿蓝绿色，把它挤到粉色旁边，两者之间放了条白毛巾，之后我给颜料加了一点儿水，做出一个美丽的图案来。我在浴帘的位置架起一盏太阳灯[1]，一切都美极了，我用一台超级八毫米摄像机开始拍摄它。我把染料的瓶子都倒空了，空瓶扔进垃圾桶的垃圾袋里，之后我拧开水龙头，这样我就有了一个干净的平面，一点儿脏乱都没有，却有了一幅完整的画。我用宝丽来拍下来了，那张宝丽来我还留

1 sunlamp，美黑（tanning）用的紫外线灯。

着呢。接着我觉得我可以在马桶里很轻松地就来一张罗伊·利希滕斯坦（Roy Lichtenstein）[1]。我想把六十年代迷幻艺术贴纸时期留下来的那些小圆球全都处理掉，所以我开始清抽屉；而就在我清理抽屉的时候，我想到该把儿童手工（Childcraft）的那些星星点点也全扔掉。把那些点点扔进干净的白色马桶里，它们浮动其间看起来很漂亮，因为马桶是干干净净的，我之前放了彗星，绿色瓶子的彗星，还用了马桶刷来刷，所以它特别白。我用宝丽来把那些星星点点拍下来，看起来正像一幅利希滕斯坦，接着我冲了一下水，那幅画就不见了。然后因为我有一些小小的美国国旗嘛——我不确定，不过我在街上读到过说如果你把美国国旗放到信封上，你就会被逮捕，所以我想我来在马桶上搞点儿贾斯珀·约翰斯好了。我把我所有的美国国旗扔进马桶里，之后我就有了一张宝丽来拍下的贾斯珀·约翰斯。我在马桶里也来了张沃霍尔，用的是从我鞋子里取出来的爽健牌（Dr. Scholl's）鞋垫。它们已经破破烂烂的了，而且老是往我脚上粘，所以我觉得不如把它们也处理掉。于是我把它们放进马桶里，拍了张宝丽来，它们看起来像那幅舞步画[2]。把它们也冲进下水道。要做一张劳申贝格对我来说是困难的，于是我就拿了张他的展览通知扔进马桶里。我冲水，但它总是浮在上面，所以我不得不把它

---

1 罗伊·利希滕斯坦（1923—1997），波普艺术家，常以本·戴点彩法（Ben Day dots）作画。

2 指安迪·沃霍尔创作的《舞步图解》（*Dance Diagram*）系列。

裁剪开。这跟洗衣服是一样的。从某种角度来说，看着东西被冲进马桶里就像是在洗衣房看滚筒洗衣机旋转，又或是看干衣机运转。你会看到难以想象的图案。不管是什么，只要是在高速旋转，哪怕是印花——印着郁金香或者什么别的——在烘干机里看起来都像是一幅肯尼思·诺兰（Kenneth Noland）[1]。它会全是直线：在滚筒洗衣机旋转的时候，或者在干衣机转得特别快的时候，又或者在榨汁机旋转的时候。我买硬盒装的万宝路一次买一条，在把它们从外包装盒里取出来时，我会把每盒烟的玻璃纸都撕掉，之后翻开上盖，把那片小小的锡纸也取出来，因为我知道我早晚得做这些，所以为了省时间，我一次把十盒都弄好，把玻璃纸和锡纸扔进马桶里，把烟放到抽屉内。这样我去拿烟的时候，就不用再费事了。有时，我抽烟只是为了给我放烟的容器腾地方。总之，我会给我扔进马桶里的任何东西都拍照片，另外我尿尿的时候也拍照片。为了能有好的效果，我喜欢先把自己擦干净再从两腿之间把我正在抽的烟扔进马桶去——有一次我这样做时烫到过自己。我把烟扔进马桶里是因为我一直在尝试戒烟。

“《棒》（*Oui*）的封面我也都扔进马桶里，这样酒店经理就不会知道它是本色情杂志了。我把不想别人看见的东西都冲进下水道。”

“你能稍等一下么？”我打断B，以我认为相当客气

1　肯尼思·诺兰（1924—2010），美国画家，色域绘画（color field painting）的代表人物之一。

的方式。我本可以轻轻地放下听筒溜走的。“我得去撒泡尿。”

“我不能，A。”

“好的，稍等。”

我跑去洗手间……又跑了回来。“好了。”我说。

“我跟你说件事儿吧。”B说。“我不喜欢上除我这里之外的厕所。我宁愿大老远跑回来上了厕所再回去。但有些时候，我不得不勉强自己将就一下。”

“那你跟我一样。”我说，说完心里不禁想到会不会追本溯源我是从B那儿学到的这个想法，又或者是她从我这儿学到的。

“总而言之，昨晚我走到街对面的熟食店买了一个三明治、一瓶啤酒、一个蛋糕——冷冻蛋糕、橙子口味，萨拉·李（Sara Lee）的，还有冰激凌。回了家，穿着外套吃了三明治，没脱衣服是因为我想一会儿去把包三明治的纸扔掉，还喝了啤酒，这样我还可以把酒瓶子也去扔了。”接着，我想自己是等不及蛋糕解冻了。我其实根本不想买奶油碧根果口味的冰激凌，我想要哈根达斯（Haagen-Dazs）新出的蜂蜜口味，但他们没有。显然我等不及冰激凌软化或是蛋糕解冻了，所以我把两样都放到嘴里嚼着吃了。我是个特别容易烦躁的人，光是等电梯就能让我抓狂。那个橙子口味的蛋糕还剩了四分之一呢，而我想要做的就只是赶快把盘子扔了，所以如果我把蛋糕冲进下水道而非吃掉，再把盘子给扔了，那么也许我立刻就能不再心情低落了呢。我现在可以证明了，对我来说打扫卫生比吃东西更重要。我把蛋糕冲进下水道，把装蛋糕的锡纸盒子扔到垃圾桶里。现在我得穿好衣服把垃圾桶拿去外面了，因为它里面放着东西了。银色的锡是冲不下去的，它只会漂在上面。有好几次我都特别特别地紧张，因为我洗手间发大水了。当时我正在把'注射器'冲进下水道，因为我紧张不安，觉得'今天他们就要逮到我了'。我紧张起来，就开始把东西往下水道里冲。结果呢，塑料的注射器倒是冲下去了，但是缝纫器械[1]却停留在了最底部靠近下水道口的地方。它们冲不下去。你可以试试看，把你做刺绣用的针都扔进马桶里，它们是不会被冲下去的，它们就那么待在底部。好吧，我必须得把它们掏出来。于是我不得不再次戴上我那双黄色带衬里的手套，而戴着胶皮手套要想把针捡起来可是非常困难的事儿。于是我——首先我放了更多的彗星进去让马桶能干净点儿，还放了些一冲净（Sani-Flush）[2]，然后冲了一下水，我知道针是不会下去的，我必须得把它捡出来，放到万宝路的包装盒里——我知道万宝路包装盒总是能冲下去，所以我把针在纸盒上缝合一般地穿上穿下走了几针，把针别进了纸板里。我把纸板团成一团，冲进了下水道，我的担忧也随之一起冲走了。忽然间，马桶开始噗噗地冒泡。而在我又冲了一次水之后，水干脆涨到马桶的边缘上来了。它并不

1　指针头。

2　马桶去污粉品牌。

溢出来，而是就那么停在马桶边缘的高度上。我都可以一头扎进去了。你能想象吧。我对自己说：‘唉，我既没有皮搋子，也没钱。’我打电话给那个工程师。我说：‘约翰，不知怎么回事儿，水要从我的马桶溢出来了。’他赶过来，说：‘是不是什么堵了？’我知道我倒没有其他女孩儿可能会有的担心，比如像是丹碧斯（Tampax）[1]。我只怕那个万宝路包装盒，因为我知道要是它翻上来的话一定已经被水泡得湿哒哒的了，那个缝纫器械会很显眼。当时似乎没有东西要浮上来，他问我扔了什么进去，我说：‘也没什么，我想可能是一大堆手纸和一块儿香皂。’因为我总是在亚德利（Yardley's）[2]用到很小的时候就把它扔进马桶里。我不喜欢小块儿的香皂。总之，他在那儿用搋子上上下下地抽动起来，而我则想着所有那些就要涌上来的东西。我不停地向他提问，问他冲下去的东西到底都去了哪儿，因为我过去十年间冲进下水道里的所有东西很可能一会儿就要重返我的马桶了。我真的想知道东西到底去了哪儿。还是个孩子时，我就把东西扔进马桶里冲掉。我把所有我不希望我母亲看到的东西都冲进了下水道。冲掉不像烧掉那样花时间。你当然可以把一封写了好多下流话的信在烟灰缸里烧掉。但是天呐，就光是做这小小的一件事就要用掉好多火柴，而你其实是可以直接把它冲进下水道

1 卫生棉条品牌。

2 个人洗护用品品牌，创建于1770年，是全球最古老的洗护用品品牌之一。文中此处指亚德利牌的香皂。

的。不管怎么说，在我打扫干净房间之后，我还得洗干净我自己。在这方面，我并没有什么固定的安排，既不非得早上起来泡澡，也不一定晚上泡澡，因为我可能在任何时间起床，在任何时间打扫卫生、吸尘、把东西冲进下水道，只要兴致来了我就去做。我可以在晚间泡澡、在午后泡澡，或者在早上泡澡。但在我泡澡之前，我必须确认我的存货充足，任何我需要的都还有。我过去特别喜欢乳霜。那会儿我会去药妆店，花上一百美元买下所有不同种类的眼部保湿露、专门用在下眼周的眼霜和所有这类纯粹是垃圾的玩意儿。我意识到它们是垃圾，是因为我有一次睡觉前在下眼周涂了一些，等睡醒了我的眼睫毛全粘结在一起了，场面特别混乱，而我也算是就此开始过得简单一些，开始把一些产品从生活中抹去，不过我还是要把我看见的每一样新产品买下来。我用一个叫作时光水疗（Time Spa）的东西，装在一个大罐子里，一罐 1.95 美元。不过我还会去买同一种东西的精华，精华就要贵多了，一小包一小包的。我先把时光水疗倒进浴缸里，倒上半罐吧，那一罐是一夸脱[1]的量。我在浴缸里开始放温水，放到四分之一满的时候，我就躺进去。因为我躺进去的时候，你懂的，水会升起非常多。我可不希望那玩意儿浪费了，你说是吧。于是我迈进浴缸，在里面平躺下来，双腿微微高抬，因为尺寸的缘故，我实在没法完全平躺进浴缸里。我

1 一夸脱大约是 0.95 升。

是看了一盒棉签上的广告——'浴缸用枕头邮递到家'——邮购的这个枕头。我本以为会寄给我一个黄色的呢。我把枕头吹起来，用吸盘把它吸在浴缸上，这样我就可以靠着它躺下来，就着热水在身上搓揉。我最开始洗的是我的肩膀。我尚未把头发打湿，我还在浴缸里躺卧着，我用一块儿旧围巾把头发包起来，这样做既能让自己放松下来，又可以把脖子洗干净。反正一会儿我还要冲澡，把身上冲干净。所以我先从我的左臂开始，我把手完全放进毛圈手套里，先搓左臂，然后是胸部，再之后搓左腿和左脚。我讨厌搓脚，因为这需要伸手往下够或者把脚抬起来。为了洗脚，要么脚要抬得老高，抬到嘴前面，要么就要在浴缸里坐起来如坐在打字机前一般，再弯腰往下够。我先是戴着手套搓，接着用一把瓜果刷刷。我玩儿命地搓洗我的脚底板。之后我使用一款叫作韦斯（Weiss）的浮石。我以前用爽健的浮石，但爽健的浮石有硫磺，闻着直让人犯恶心；而且每次做完脚我都得放掉整缸的水，因为水里全是黑色的硫磺小碎渣。所以我找到了这款叫作韦斯的产品。它是德国产的，用的时候要先把它放在水里泡一会儿，等它变软。我首先用浮石打磨脚后跟，接着是脚的边缘，最后是脚趾。两只脚都做完后，我已经累得上气不接下气了，必须得重新躺下来。我还得**再次**起身，够了东西再躺下，因为刮毛刀在浴缸的另一边、靠近水龙头的地方放着呢。我每次泡澡都会用刮毛刀，我在胳肢窝那里涂一点儿香皂，把两边的腋毛都刮下来。然后我在浴缸里蹲过去一些，腿基本上挨着水管了，我开始刮腿毛。我先在腿毛上打点儿香皂，一点儿水和一点儿香皂，之后把腿上的毛刮掉，然后再刮大脚趾上的毛。接着我把刮毛刀打开，用温水冲洗，因为有一次我看到一把刮毛刀的刀片上塞了好多毛，把我给恶心的。在浴缸里，我绝不会触碰我的脸。接着我清洗我的阴部。我半躺在那儿，戴上毛圈手套搓揉。如果我塞着卫生棉，我就在浴缸里站起来，把它揪出来。因为就算我来月经了，我也想把卫生棉条揪出来，好好搓揉一番。这并不是说我会搓里面或者有类似动作，但我确实会搓外面。我搓屁股，但并不碰肛门。我不会往那里进发，来上另一番操作。我知道光是坐在水里，那儿就能变干净。之后我总是会立刻把香皂放回去。我讨厌从香皂碟里拿香皂的时候，香皂软哒哒黏糊糊的。那让我作呕。接着我就在那儿再躺上个十秒钟，然后把浴缸里的水放掉。之后我决定，既然呢，我的发梢已经有点儿弄湿了，那么我也可以洗个头嘛。我把挂在淋浴喷头上方的那个黄色洗手间脚垫挪开，它挂在那儿是因为我不想把它弄脏了，不然还得拿到洗衣店去洗。我站到喷头下方，用温水打湿头发，之后我把头发稍稍拧一拧，之后我对该用哪种洗发水做出决定。我搓揉出丰富的泡沫，我很懂怎样用手指做头部按摩。先揉太阳穴附近，之后按揉头顶。接着我用温水冲头，然后逐渐把水温调低，让水变得越来越凉。这样我的头发就冲干净了。我用双手接一捧水，泼到我的阴部，确保上面的肥皂沫都冲掉了。接着我把水关上，拿起绿色的——因为我洗手间的色调是黄和绿——我拿起绿色的海绵，把它拧干。我必须得用海绵把墙上的贴纸擦干，因为它已经开始剥落了，所以我从天花板一路往下擦。我擦到镀铬的把手时，心情很沮丧，因为我看到它已经生锈了。就这样我把墙都擦上一遍，确保擦干了。接着我俯身去擦浴缸外面的一块儿地方，因为那儿有一大滩水，是刚才洗澡时淋的，我用海绵把水吸起来，又把水在浴缸里拧干。接下来，我在地板上放了一块儿白色的垫子，用一块儿毛巾包住头，再打一个结，接着我抖了抖我的身子——我喜欢用两臂做一种像鸟一样的动作。接着我穿上我那件柔软的黄色毛圈布浴袍。这是我从一个朋友的法国老公那儿学到的。之后我拿过来一条全新的毛巾，把它塞到两腿之间。你能想象得出来吧？之后我把吹风机拿出来，把空调关上。这样我就不会烧断保险丝了。接着我把吹风机插上电，两腿分开站在洗手间，手握吹风机开始吹我的阴毛。但我其实对把大腿内侧吹干更感兴趣一些。因为要是那里哪怕只有一点儿湿，让我穿上内裤、两腿之间就那么湿乎乎地走来走去，我都是受不了的。那样真的会很难受。当我把那儿完全吹干了，我会拿一点儿婴儿爽身粉，用手轻轻地拍在上面。之后我会用一把那种方便装在包里随身携带的梳子，把阴部的毛发梳得蓬松一些。不过我从来都是还没梳完就会停下来，因为我总会这么想：‘我的天呐，我为什么要费这个事，干吗要把阴毛梳得蓬起来、和肚子齐平呢？’每过两个月左右，当我觉得它们有点儿长了，我就会来上一次例行的修剪，剪去大约八分之一英寸，确保它们总是齐齐整整的。有一次我剪过了头，刺痒得不得了。我在街上走，简直要发疯。A，你在听吗？你觉得无聊了吗？”

“不无聊。”

“不无聊，我就知道，因为这是重要的事。干干净净是重要的，这是你有兴趣的，你相信干净是有价值的。刚才说到——对，我看着我身上所有的毛发，开始希望它们会在一年之内就**全都**变成银灰色。少白头多好啊，银灰色的头发多漂亮啊。但我随即就想起来有人和我说过的话：‘你以为你会有少白头，但你早就不年少了。’”

B对于我们的聊天是如此投入，我觉得我可以飞跑到厨房去，把苹果酱换成橘子酱。

“……星期天而店铺都不开门。村子里[1]的布伦塔诺[2]还没开门，而我又不想为了等布伦塔诺开门，提着柳条编的脏衣篮去隔壁的东（Azuma's）[3]闲逛。而且我知道第六大道上的比奇洛大药房（Bigelow's Pharmacy）今天当班的是我不喜欢的那个男人。所以我会这么做：我把热得快放进我的茶杯里，通上电，然后在杯中放入一包加香红茶，等茶水凉下来之后，我用它洗脸。它能紧致我的面部肌肤，把皱纹赶跑。在我洗掉脸上的茶水之后，我决定给自己做

1　指纽约市的格林威治村。

2　一家连锁书店。

3　一家售卖日式杂货的店铺。

个面膜。我有一款咖啡面膜，是露华浓的最新产品——咖啡—麝香面膜。面膜在脸上逐渐变干变硬是相当奇怪的一种感觉。我用旋转计时器定了个时，这样我就知道什么时候该把面膜取下来了，而且我喜欢听计时器的铃声。我或者用咖啡—麝香面膜，或者用鸡蛋面膜，或者用药物面膜，或者用老式面膜。我平生第一次用的面膜是个非常有名的牌子，不过我想不起来它叫什么了，不管怎么说吧，那是一包泥浆面膜。我过去在乡下的时候常用，但是后来我想明白了，它不可能对皮肤有好处，我是说把烂泥往脸上糊怎么可能对皮肤好呢？而且我心想：'我肯定是不会拿海娜（henna）往自己身上涂的[1]，像我这号体型，用海娜染染头发就足够了。'接下来，嗯，对了，接下来，有时候我会给震动棒通上电。这是在我弄好了头发和其他东西，不过还光着身子在忙其他一些事情的时候。因为我的两面镜子都照不到我胸骨以下的部位，所以我觉得我需要给肩部做个按摩。于是我拿出震动棒，插上合适的接头，你知道，不是那种小小的吸盘接头，你懂的……"

我蹑手蹑脚地走回电话旁，小心翼翼地拿起听筒。通常我这样做会被B听出来，但是今天有所不同，今天她讲的是她最为投入的话题——保持干净整洁。

"……之后我在肩膀上擦一点点海龟油。好吧，实际

1　海娜是一种从散沫花制备的染料，可以在皮肤上彩绘，也可以给指甲和头发染色，还可以用来染织物和皮革。

上有时候我会用奔肌（Ben-Gay）[1]。又或者，稍等，我告诉你它叫什么……”

我简直无法相信，B跑开了，留下我一个人什么都没得听。这就是问题所在，她不管讲什么都太过投入，有时会忘记要两个人才能……

“……来了来了，它叫艾瑟卡因外用镇痛麻醉喷雾（Exercaine External Analgesic and Anesthetic Spray），我太爱它了。我把它喷到我的肩膀上，按摩至完全吸收。之后我得清洗震动棒和其他东西，因为我不希望用来放震动棒的袋子沾上艾瑟卡因的味道。我在放震动棒的袋子里放的唯一一款清洁用的乳霜是个老款的伊丽莎白·雅顿的洗面奶。也是够搞笑的，那个老款最好用。现在，如果我已经给头发定过型，喷了发胶，那么头顶部位已经开始下垂和四散了。于是我就得在我五斗橱最上面的抽屉里翻找一番，把头发绑成我称为‘黛比’（Debbie）的模样。我的‘黛比’就好像约克郡犬头顶的那撮毛。我原来都是用橡皮筋，这样我的头发就不会垂下来打到眼睛了。好了，我现在干净又整洁，腮红涂上了，其他妆也都上好了，肩膀用震动棒按摩过，震动棒也放回到它的袋子里了。那是个小小的欧洲产的化妆包，条纹印花，绿色和粉色的条纹。说回来，震动棒放回了袋子里，但是看到那个袋子，我的眼睛没法从袋子上挪开。我心说：‘哦，好吧，为什么不

1　一种缓解局部肌肉和关节疼痛的乳膏。

呢？’于是我把百叶窗放下来。如果我手边没有两节 2 号碱性电池的话，我就打电话给酒店服务生，跟他说：‘可以请你去街对面的那家照相用品店帮我买两节 2 号碱性电池吗？’之后等他拿电池过来，等着我付钱给他的时候，我会用我小小的专业电池检测仪测试他买来的电池。之后我给他电池钱，给他小费，他离开，而我就完全准备好……”

我开始打瞌睡。B 正在讲她从 1968 年开始每次和人做爱都用录音机录下来，而现在她在需要的时候就用那些磁带来营造氛围。她不停地说啊说，描述着她是如何满足自己那更为私密的需求的，但我半睡半醒间只听到一些片段。

“……有时做得久一点儿，有时就没那么久……下午快速来一发？……雅顿的乳霜……四张舒洁（Kleenex）[1]……随着磁带同时达到高潮……远程遥控按钮……试着小声一点儿……意识到没有地方可去……事后再泡个澡……在巴黎时，**按摩机**[2]……将电压从二百二换到一百二……用左手拿着读故事……忘了挂‘请勿打扰’的牌子……把它穿过一个金属丝做的衣架系起来……在暖气的一扇叶片上……等着被电击……我妈妈要是发现我是这样的可怎么办……她的余生都将在创伤中度过……蒂芙尼（Tiffany）蓝……在性事上太过一本正经，没买那个特大号的，现在我后

1　舒洁是纸巾品牌。

2　原文用的法文 machine du massage。

悔了……”

门铃响了，我匆匆放下电话跑去应门。当我回来的时候，B 处于惊恐之中。

“A？……A？……A！你这样抛下我真的会吓坏我的！A？A？A？”

“喂？我得去开门。”

“你怎么能这样呢？A，你知道我们的电话对我有多重要。目光的接触是你跟他人所能有的接触里最坏的一种。我完全不在乎有什么**眼神交流**，耳朵交流要好得多得多。今天早上和你聊天、讲所有这些事，就像是回到了旧时光。一个人是什么样的人，我其实是看不出来的，我靠听听出来。你从电话边走开，这把我吓坏了。当你和快递小哥或者水管工走去了屋子的其他地方时，我真的很生气。”

B 停了下来。我猜她确实是生气了，因为这是她这一小时以来第一次停下来。

“也不知道我窗台上的鸽子知不知道我在干吗。”她在喘过气来之后如此说道。

“大概是知道的吧。”

“我的乳霜都用完了。”

“不要紧的，B。我得挂了。”

15

内裤力量

比起思考，买买买要美国得多，而我像其他美国人一样地美国。在欧洲和东方，人们喜欢交易——买了卖，卖了买——他们基本上是商人。美国人并不怎么热心于“卖”——实际上，他们宁可把东西扔掉而非卖掉。他们真正喜欢做的是“买”——买人、买钱、买国家。在美国，周六是大买特买的日子，或者说是逛商场的日子；而我像其他人一样期待这一天。

我最喜欢买的东西是内裤。我认为买内裤是一个人所能做的最为私密的事情了，而如果你能看到一个人买内裤，你就可以真的对他们有所了解。我的意思是，我宁愿看某人买内裤，而非去读他写的书。我认为最为古怪的是那些派别人去帮他们买内裤的人。我还对那些**不买**内裤的人感到好奇。我可以理解不穿，但是不买？

总而言之，一个周六的早上，我打给一位对我颇为了解的 B，问他愿不愿意和我一起去梅西百货买内裤。

“梅西百货？”他咕哝着。我猜是我吵醒了他，但我这时一心想着的是他正在浪费掉的那些购物时间。“为什么去梅西？”

“因为我都是从那儿买内裤的。”我说。以前我都是去伍尔沃思，但现在我负担得起在梅西购物了。隔一段时间，我就会趁便去一趟布鲁克斯兄弟（Brooks Brothers），看看他们精致的老式平角内裤，但我就是无法让自己放弃居可衣（Jockey）[1]。

“我倒是不介意买上几条内裤，”B说，“但我都是在布鲁明黛尔买。他们有纯棉款的，比马棉。”这个B就是这样。只要他找到了一样喜欢的东西，比如说比马棉吧，就弄得好像是他第一个发现的似的。他会就此守着它不放，而不再买其他的了。他有着极为确定的品味。我觉得这不是件好事，因为这限制了他的购买力。

“不，我们去梅西。”

“萨克斯（Saks）[2]也很不错。”他有些抱怨。

“梅西。”我坚持道。“我一小时后去接你。”

我需要大约一个小时来把自己粘合起来，但是当我和别人约时间时，总是忘记自己会被电话打断，于是我总是会迟到一会儿，而且总有一些没粘合起来。

“你迟到了十五分钟。”他说着，爬上出租车。

“先驱广场。”我跟司机说。

“那儿周六挤死人。”B说。

1 一个美国的内衣品牌。考虑到该品牌在国内更多以英文名为人所知，所以下文一律直接使用英文名。

2 指纽约第五大道上的萨克斯第五大道（Saks Fifth Avenue），一家高档百货商场。

“我接了好几个电话。”我说。“保罗·莫里西（Paul Morrissey）[1]的，英格丽德·超级明星的，杰基·柯蒂斯的，还有佛朗哥·罗塞利尼的。哦，快看，那是谁？是我们认识的人吗？”一位四英尺二[2]的老妇人正沿着第六十五街穿过公园大道。她有一头红色的卷发，戴一双黑色的手套，黑色连衣裙外面罩一件粉色毛衣，穿一双红色的鞋，背一个红色的包。她的背已经驼了。我不知道为什么，但她看起来就是像我们会认识的某个人。不过B并不认得她，所以我也没有费那个事，把车窗摇下来和她打招呼。

我最后又问了一次B要不要买些内裤，他说不，他不会在梅西买，因为他只喜欢布鲁明黛尔的比马棉或者萨克斯第五大道的自有品牌。这个B可真是固执。

“你觉得霍华德·休斯（Howard Hughes）[3]穿内裤吗？”我问B。“你觉得他会洗内裤吗，还是穿一次就扔掉？”他大概连新西装都会扔掉。我一直都特别希望是自己发明的纸内裤，哪怕我知道这个主意在现实中其实并没有大获成功。但我仍然认为纸内裤是个好主意，而且我不明白人们为什么要拒绝它。人们已经接受了餐巾纸、纸盘、纸帘和纸毛巾[4]，而不用洗内裤岂不是比不用洗毛巾更合理吗？

1　保罗·莫里西（1938— ），电影导演，和沃霍尔合作过多部影片，如《垃圾》《反叛的女人》等。

2　约合一米三。

3　霍华德·休斯（1905—1976），美国商业巨头，飞行员，电影制作人，慈善家。

4　指洗手间用的擦手纸（paper towel），考虑到整句话的效果，此处直译为“纸毛巾”。

B说他也许会考虑买几双袜子，因为“袜子总是会不见踪影”。当然他并不自己洗袜子，他把它们送到东区的一家特别贵的法式干洗店去洗，但是取回来的时候袜子仍然会少一只。这真可说是一条定律——袜子取回时必会减少定律。

我讨厌普通的内裤——还有袜子——的理由是，如果你送二十条内裤或者二十双袜子去洗衣店，你总是只能拿回来十九件。即使是我自己去洗，也只能拿回来十九件。这件事我越想越觉得不可思议，何以内裤取回时一定会变少呢？实在是难以置信。我自己去洗，但仍然只能拿回十九条！

我自己去洗，我自己把它们放进洗衣机，我自己把它们取出来，我自己把它们放进烘干机，然后我把烘干机里所有的洞洞和每一条突起都摸上一遍，想要找到丢掉的袜子，但我从未找到过！我沿着楼梯上上下下地寻找，想着也许是掉哪儿了，但我从未找到过！这简直就像是物理定律……

我跟B说我也需要买一些袜子，还有至少三十条Jockey的内裤。他建议我改穿意大利式的三角裤，裆部的T型做了特殊处理，可以让你显大的那种。我告诉他我在罗马的时候试过一次，当天我在一部利兹·泰勒主演的片子里客串。我不喜欢那种内裤，它过于频繁地让我意识到自己的那里。它给了我一种姑娘穿上聚拢型胸衣时一定会有的那种感觉。

忽然，B 说："那边有你第一位超级明星。"

"谁，英格丽德吗？"

"帝国大厦[1]。"我们的车刚刚转入三十四街。他为自己讲的这个笑话大笑起来，我则在靴子里摸了些零钱出来付车费。

在先驱广场，从世界各地来的人涌入梅西百货。至少他们看起来像是从世界各地过来的。但他们全都是美国人，而且尽管他们有着各式肤色，他们全都有"买买买"在他们的血液里、头脑里和眼睛里。人们在走进一家百货商场的时候看上去是那么地笃定。B，很自然地，把他高高昂起的鼻子昂得更高了一些，开始径直向男装部走去。

这让我有些生气。我并不是那么常来梅西，我想要从容不迫地买它一个遍。"B，别那么赶。"我想要查看一下塑料包装上的价签，看比起上次我来的时候是不是涨价了。人人都在谈"通货膨胀"，我想亲自看看是不是真的。

"人潮汹涌啊。"B 抱怨道。

人**确实**很多，特别是以夏日的周六来讲。"这些人难道不是应该去度假了吗？"我问。

"这种人是不度假的。"B 以一种在我看来非常傲慢的口吻如此说道。

1　沃霍尔有一部早期电影《帝国》(*Empire*)，拍摄于 1964 年。影片以固定机位一刻不停地拍了帝国大厦（Empire State Building）六小时三十分钟，放映时以慢速播放，放映时长为八小时零五分钟。这部电影在 2004 年被选入美国国家电影登记部（National Film Registry）由国家永久收藏。

我停下脚步，看一位穿着和服的日本女人为一位穿着连体裤的美国女人化妆。她们这是在做“由资生堂呈现的免费体验异域风情化妆师”（Shiseido Presents Exotic Makeup Artist）活动。接着我们走过查理（Charlie）[1] 的大促，走过名家领带（Famous Maker Ties），走过糖果部——这大大地考验了一把我的意志力。我走过带覆盆子和樱桃的巧克力海绵蛋糕（the Raspberry-Cherry Mix-Max）[2]，走过杂色甘草糖（Licorice All-Kinds），走过五彩软糖（Jelly Beans），走过冰晶糖（Rock Candy），走过巧克力脆饼（Chocolate Pretzels），走过电视花生脆（TV Munch）[3]，走过法式小蛋糕（Petit Fours），走过慕时丽（the Mon Cherry）[4]，走过棒棒糖和糖豆巧克力（Nonpareils），我甚至还走过了惠特曼（Whitman）[5] 的试吃区。巧克力的香气简直要让我抓狂，但我一句话也没有说。我甚至没有唉声叹气。我只是想着我脸上的痘痘和胆囊，片刻不停地往前走。

1　应是指由露华浓于 1973 年推出的香水品牌。

2　巴尔科尼（Balconi）有一款裹着巧克力的海绵蛋糕名为 Mix Max，the Raspberry-Cherry Mix-Max 未详何指，暂时译作“带覆盆子和樱桃的巧克力海绵蛋糕”。下文各类糖果除棒棒糖这种有明确中文译名的之外，一律括注原文，以便有兴趣的读者进一步检索、了解、购买、尝试。

3　Munch 是玛氏（Mars）于 1970 年推出的一款花生脆，TV Munch 则未详何指，暂时译作“电视花生脆”。

4　此处原文写作 Mon Cherry，但应是指费列罗公司的 Mon Chéri。Mon Chéri 是法文“我亲爱的”（my darling）之意，文中采用音译。这款樱桃口味酒心巧克力于 1956 年在意大利推出，后销往其他国家，在美国售卖的版本与众不同，不是樱桃酒心巧克力，而是榛子巧克力。

5　创建于 1842 年的惠特曼（Whitman's）是美国历史最悠久、规模最大的盒装巧克力品牌之一。

“B，男装部**到底**在哪儿啊？”我最终还是发问了。我们正在进入卖雪茄的区域。

“这是全世界最大的百货商场。”B 说，好像我不知道似的。“我们得从第六大道一直走到第七大道。不过我们已经接近了，这不都到男士太阳镜了么。”

男士太阳镜过去是男士围巾，而从那里通向的是男士睡衣，之后——之后！——就来到了男士内裤区。我很快就找到了我通常买的那一款，Jockey 的经典三角裤（Jockey Classic Briefs）。它们的售价是五美元三条，似乎算不上多么地通货膨胀。我将装它们的塑料包装袋读了一遍，以确保他们没有对内裤的著名“舒适特性”做任何的改变：“独家剪裁，完美贴合男人的需要；裆部轮廓精心设计，无缝带来更多舒适；腰部合身不紧绷，清爽透气；裤型更持久，腿部开口零摩擦感；柔软橡筋，裤脚专用；百分百精梳棉高效吸汗。”这么看来，一切都还不错。我又查看了洗护指南：“机洗，旋转烘干。”一切都还好，都还和以前一模一样。我特别受不了的是，你发现了一款喜欢的商品，它可以满足你的特定需要，结果他们对它进行了调整，进行了“升级”。我讨厌任何“全新升级”的产品。我认为他们就应该生产一款全新的产品，而将老款完整保留下来。这样市面上就有了可供选择的两款商品，而非只剩了半个旧品。至少 Jockey 经典三角裤依然经典，但在我决意买下它们之前，我决定让那位导购向我展示一下市面上还有哪些内裤可选。当天负责导购的女士丰满得恰到好处，身上的海军蓝衬衫式连衣裙干净利落，红白色的围巾绕着双下巴。她的笑容很美好，眼镜框上洒满人造钻石，闪闪发亮。她看起来是那种你可以与之自在地谈论内裤的人。

“你们这儿有 BVD[1] 吗？”我问。

她把眼镜往上推了推，直推到鼻梁上端，说：“没有，我们这儿不卖 BVD。”

“梅西百货有自己的品牌吗，就像萨克斯那样？”B 忽然开口说道。他这是想惹起谁的注意，导购吗？

“当然，我们梅西有至上（Supremacy）系列。喏，”她拎起一包展示给我看，“五美元两条。”

“两条五美元！这些**三条**五美元。”我惊呼道。我手里拿着 Jockey 的内裤。

“是这样的，至上这个系列要更好。它们更合身。我们也有肯顿（Kenton）系列。它们三条四块五。”

她递给我一包肯顿。“这也是纯棉的啊。”我说。

“棉也分不同的**等级**，对吧。”她说。

我感到困惑。我更仔细地看了看至上的包装。“这是什么意思？‘瑞士拱肋侧面’（Swiss Rib Side Panels），这让内裤更好吗？”

“是，”导购小姐说道，“再加上棉的质量也更好。”

“但什么是‘瑞士拱肋侧面’？”

---

1 创始于 1876 年的内衣品牌。

"我怎么知道？它让内裤更合身。"她冷冷地说。"你一般都买什么牌子的，BVD？"

"Jockey。"

"Jockey！"现在她的声调里有了一丝胜利的喜悦。"至上的剪裁要比 Jockey 长。它是立裆更长的三角裤。如果你喜欢 Jockey 的剪裁，我建议你还是买 Jockey。"

"我该买多少条呢？"我跟 B 嘟囔了一句。已经没必要再问导购小姐别的什么了。在她做了决定的时候就已经也为我做了决定。"我需要大概二十八条。"

"如果一包三条的话，你没法儿买二十八条。"B 解释道。"你可以买二十七或者三十条，但没法儿买二十八条。"

"好吧，那我要十五条。"

"现金还是刷卡？"导购小姐问。"现金。"我说。我不喜欢刷卡。拿钱买更有购物的感觉。那位导购小姐去入账。另一位导购小姐，看起来和上一位很像，走到我们这边来问说："你们是一起的吗？"

"我们是一起的吗？"我问 B。

"是啊。"B 说道，有点儿不高兴。后来的那位导购小姐走开了。"看这些 Jockey 纯尼龙三角裤（Jockey Thoroughbred Nylon Briefs）。"B 指着相邻的一个货架说。

"那些更好吗？"

"你可以拿它们当泳裤。"B 说。那位导购小姐拿着我的找零回来了。"我们这边有一条，"她说，"是设计来当泳裤穿的。我拿给你看。"

我们跟着她走过一条窄窄的通道，货架上排列着比我知道的种类更多的内裤。

“给。”她说着，递给 B一包看起来像璞琪（Pucci）[1] 的比基尼内裤。

“这是 Jockey 的吗？”我问道。

“是 Jockey 生活系列（JockeyLife）。”

“有其他颜色的吗？”

“有个名为‘气球’的印花款。”她说着，递给我一包蓝绿两色的 Jockey 生活系列的比基尼内裤。

“没有白色的吗？”

“没有，不过我们这边还有 Jockey 的另一个系列——Jockey 亲肤系列（Jockey Skins）。**这个**系列有白色的，不过它们没有那么像三角裤。”

我查看了包装，试着想象自己身穿 Jockey 亲肤系列内裤而非 Jockey 经典三角裤的样子。但我想不出来，所以我把内裤递还给她，并对她的服务表示了感谢。

我们往男士内衣区的更里面走，忽然间，我发现 B 和我是那一区的仅有的男性。那一区并非没有顾客。女人到处都是。起初我在想，是不是这些女人买男士内裤是为了自己穿，就像女人会买男士牛仔裤和男士毛衣一样。但之后我注意到，这些都是主妇模样的中年女人在为她们的丈夫买内裤。我猜婚姻归根结底就是这么一回事：你的老

1　意大利时装品牌，以彩色印花著称。

婆为你买内裤。

B 拐进售卖情趣内衣的那条通道——摆着网眼、丁字裤的那条道——正愉快地读着商品说明。“瞧这个，”他说，“水平开口，方便进出。”

“奇怪，”我说，“他们为什么要在前裆上加一个口袋？”

“那就是为了方便进出的水平开口。”B 笑起来。“这儿还有一款，上面说‘专为方便而设计’。”

“别玩儿了，我们走吧，我还得买些袜子呢。”我说。

男袜区也挤满了女人。也许美国的问题就出在这里——男人都不买东西。

“萨迫斯（SuppHose）[1] 在哪儿？”我问 B。

“你穿萨迫斯？”B 问，“你有关节炎吗？”我没有关节炎，但我希望在患上关节炎的时候自己早已做好了准备。我喜欢萨迫斯的另一点在于它们非常紧，这样就在我的腿和靴子之间留出了更多的地方可以塞钱。我找到放着萨迫斯的货架，拿起一盒读外包装上的说明：“全新，无静电，防静电，纯尼龙。”我被“全新”这个词弄得有点儿不安。我让 B 去叫一位导购过来。他在转角处找到一位，他正在户外袜的货架前理货，他把他带到我这儿来。这位导购非常高，他的头发非常短，身穿橄榄绿三件套涤纶斜纹布西装，打一条翠绿色的公鸡牌（Rooster）领带，

1　袜子品牌，沃霍尔这里指的应该是萨迫斯生产的男款压力袜。

一件黄色的洗了就能穿的衬衫[1]看起来常穿不常洗，脚上穿的是暇步士（Hush Puppies）。他的古龙水闻上去像是嗨空手道（Hai Karate），但也可能是玉东（Jade East）[2]。他试探性地笑了笑。

“为什么这个包装上写着‘全新’？”我问他。

“您拿的是双色款，先生，是萨迫斯新推出的。”

他的笑容仍然带有相当的试探。

“不，”我明确表示，“我要纯色的。”

“好的，先生。纯色款的话，我们有四种颜色可选：黑色、棕色、海军蓝和中灰色。”

“我可以看一下海军蓝的吗？”

“这是海军蓝的。这样看颜色会有些深，不过室外的光线和我们这儿的不一样。”

“也许我还是应该买黑色的。你这儿有多少双？”我在货架上翻了翻，看有几双黑色小号的。

“先生，我们这儿有八双，不过您想要多少我都可以去帮您拿。”

“八双够了。”我可不希望他占用我的时间跑去库房里抽上一支烟。“请帮我把包装盒拿掉，它们带着不太方便。”

1　即免熨烫衬衫（wash-and-wear shirt），为了后文的缘故这里按照字面意思直接译出。

2　嗨空手道是一款平价须后水，1967 年推出，1980 年代初停产。玉东古龙水和须后水于 1960 年代中期推出，至今仍在生产销售。

他试探性的笑容逐渐隐去了。

“先生，它们都是卡在纸板上的。”

“没关系，把它们从包装盒里拿出来就行；纸板不用你取。”

“先生，我得再多说一句，如果因为什么原因您想退货的话，不带包装盒是退不了的。”

“不会的，我不会退货的。”我从来就没退过货。退货比不买还要糟。

那位导购开始把袜子从它们的包装盒里取出来。当他取到第七双的时候，我问：“你们这儿还有其他品牌吗？”

“我们还有另一个牌子——指令（Mandate）。它的效果没那么好，不过它**确实**便宜一些。”

“算了。”我说。

这时B回来了，他去给自己买了一堆袜子，全是各种体面的深色——海军蓝、棕色、墨绿、碳灰色、黑色。

“为什么你要买不同颜色的袜子，B？”

“这样洗的时候容易分啊。”

“但如果你全都买一个色的，那就随便拿哪只配哪只都行了。”

我们付了四双袜子的钱，在梅西百货里继续穿行。店里确实又挤又吵，远不如布鲁明黛尔那么像博物馆。我建议在店里找个地方吃点儿午饭。

“在百货商场里吃午饭？”B绝对被吓到了，好像我在提议从下水道之类的地方点外卖似的。他可真是个被宠坏了的小孩儿，战后富裕时代的产物。

“好吧，B，我们去上城找一家酒店吃午饭。”B笑了，满意得不能再满意了。“但我们先去一下金贝尔（Gimbels）[1]。他们可能有旧珠宝在卖。他们收购遗产。”

来到街面上，我才猛然意识到纽约不是巴黎。第三十四街遍布着潜在的抢劫犯、潜在的强奸犯、潜在的无耻之徒和潜在的杀人犯。目光所及，潜在的受害者非常少。

“我们从伍尔沃思穿到第三十三街，然后去金贝尔。”我说。我过去在伍尔沃思买内裤，对它我有一种感伤的依恋。进入伍尔沃思，你首先会注意到的就是正在炸的炸鸡的香气。那香气实在是太好闻了，尽管我不喜欢炸鸡，也差点儿买了几块儿。在高档商场，商品通过“展陈”来售卖，在低档商场，商品通过“香气”来售卖。B，不用说，鼻头一皱，飞快地往里跑。

“你跑什么呢，B？”

“那个嗡嗡声快要把我逼疯了。”

“什么嗡嗡声？”我仔细听，是有嗡嗡声，可能是一个出了问题的空调机。但对我来说，那响声完全被烤花生的香气淹没了。“B，你不为自己生在富贵人家感到高兴吗？”B全然不是能去十元店买东西的那种人，所以他实

1　原文误作Gimbel's，应为Gimbels。金贝尔百货商场创立于1887年，在1930年时已发展到二十家门店，是当时全世界销售额最高的连锁百货商场。它于1965年规模达到巅峰，共有五十三家门店，1987年结业时仍有三十五家。

在是幸运，没有生在一户十元店人家。

我们就快要走到伍尔沃思位于第三十三街的那一侧了，就是有世贸中心的 3D 明信片和西班牙语的贺卡在卖的地方。我们出了伍尔沃思，穿过街道，进入金贝尔。和梅西百货一样，金贝尔里又挤又吵。B 抱怨起来。“我们就不能去卡地亚（Cartier's）看旧珠宝吗？”

“卡地亚！”我真的生 B 的气了。“听着，B，我认为我们应该每天都这样出来走一趟，看看生活到底是个什么样，这对你会很有好处的。生活并不是从萨克斯开始，到布鲁明黛尔结束。生活不是一间 YSL 精品店。也许你应该多花点儿时间上十元店去买买袜子和内裤。”B 做了个鬼脸。“B，这才是真正的生活！”我万般嫌弃地把头扭开，忽然看到两个小女孩儿，大约十一二岁，在装着 T 恤的抽屉里翻翻捡捡。“那些小孩儿在偷东西！”我高声喊道。

“这就是你对真实世界的了解？”B 说，“难道你是个孩子的时候就没有打开过抽屉，看看有没有和柜台上摆着的不一样的货品？”

“没有。”

“我过去就会打开抽屉，找出不同的颜色、尺码和款式来。而且不管怎么说，偷店里的东西又有何不可？你就从来没偷过吗？”

“没有。”

B 是搅扰不了我的。我刚才已经发现了进出小铺（In

and Out Shop）——金贝尔版本的“上头”商店[1]。我正在考虑大买特买——每一件仿彩色玻璃花窗、每一只墨西哥银手镯、每一张印度爱经海报、每一面雏菊贴花镜子、每一支孔雀羽毛。都是些人们在八十年代大概会想要收集的东西。时代艺术。属于六十年代的塑料—迷幻装扮。二十、三十、四十和五十年代的东西届时将不会留下来。

B 冲向文具部。“以前你每年九月会得到新的饭盒、公文包、活页纸和铅笔吗？那时候，九月是一年中我最喜欢的时节。在活页纸上用不同颜色给每个科目划分出不同的区域来，实在是件让人兴奋的事。我总是拿不定主意到底哪款书皮我更喜欢，是从药妆店买来的闪闪发亮的常春藤联盟书皮呢，还是我自己做的简简单单的牛皮纸书皮。你给书包书皮吗，A？”

“包书皮干吗？”

“上学用啊。”

“我不包。”

我问一位路过的导购小姐去二手珠宝区要怎么走，她跟我说过了化妆品区就是了。我们继续往前走。“由资生堂呈现的免费体验异域风情化妆师”的活动在金贝尔也有。

在一楼的珠宝部，一块标牌上写着“季末黄金清仓甩卖——五到八折”。不知道哪一季是黄金季。那儿唯一的

1 “上头”商店原文为“head” shop，兴起于 1960 年代，专门售卖吸大麻或抽烟时会用到的器具和各类相关商品，也卖和反文化相关的其他物品。

一位导购正在帮一位顾客试戴戒指。“这个感觉如何？”他问道。

“紧。”那位顾客说。

不喜欢打断别人买东西的人如我，当天破了个例。“你们的二手珠宝部在哪儿？”

“二手珠宝在五楼。”

B和我前去搭自动扶梯。电梯上行的时候，我看到罗伯特·雷德福（Robert Redford）[1]在下行的电梯上。“快看，B，罗伯特·雷德福。”也许那人不是罗伯特·雷德福。不过他身穿一套白色的西装，一头沙金色的秀发，还有一张大大的笑脸。

“我妹妹有一天在麦迪逊大道看到罗伯特·雷德福。”B说。

“我有一天也看到他了。他肯定在城里。”

“我妹妹沿着麦迪逊一路跟着他来着。”

“我在出租车里跟着他来着。”

“他住在第五大道。”

“我在公园大道上尾随着他，从第六十四街跟到第六十五街。他走得太慢了，计程车没法跟，所以后来我把他跟丢了。”

“我妹妹说没有人认出他。”

“我懂，我是公园大道上唯一尾随他的人……”我们

1　罗伯特·雷德福（1936—　），演员、导演，2002年获得了奥斯卡金像奖终身成就奖。

才上到三楼，那儿有一个穿着泡泡纱西装的塑料模特看起来和罗伯特·雷德福很像。

“我从百货商场出来的时候，”B在我们搭电梯往四楼去的时候说，“总感觉自己头上挨了一闷棍似的。我只喜欢小店。大商场对人是巨大的消耗。”

“但在大商场你能捡到便宜。”

“那要有耐心寻找才行。但是想想这将花去你多少时间。”

五楼，二手珠宝部就设在电梯旁。有两个柜台，钻石、红宝石、绿宝石和金银闪闪发亮。第一个柜台里的东西看上去全都很新。我问那位导购他们有没有四十年代的珠宝。他说没有。“你们有卖旧物的柜台吗？”我坚持道。

“那边也没东西。”他说。

我往另一个柜台的导购那边走。他看到我过来了，就低头假装在他的订货本上写东西。

“不好意思。”他没有抬头。“我在找二手珠宝。你们有卖吗？”他仍然没有抬头。“我看了你们的广告来的。”他终于抬起了头，说：“没有。”

“哦，是么，广告上说，你们这儿有一场遗产特卖。”我还从来没有为了买点儿东西这么费劲过。

“我们所有的东西都混起来了，”他说，“我们不会把每单东西都单独放的。”说着，他的胳膊在台面上一挥。我透过台面上的玻璃往下看，一个非常简洁的三色金香烟盒吸引了我的注意。

“这个多少钱？”我问，“打折吗？”

“不打折。”

“为什么不呢？”

“这款不在广告上。”

“好吧，那看看还有什么。我想买个有大个儿的宝石的。大大的宝石。”

“这边有一些戒指，可能会有你喜欢的。”

我看了起来。

“记得么，”B说，“我们在巴黎看的那个紫水晶是多么地大，而且是多么地紫啊。那是西伯利亚产的，不是南美的。原先是皇室所有的。”B越说，金贝尔的珠宝看起来就越小。

有一件金镶钻的胸针，四十年代的款式，我很喜欢；因为它让我想起旧日好时光。

“我可以看一下这件吗？”

“这件？”那位导购问道。他拿起它，好像在拿一只黑寡妇蜘蛛一般。

“这上面有刻谁的名字吗？”

“没有。”

“这上面的钻石好吗？”

“这上面的钻石好吗？”忽然间，黑寡妇变成了花蝴蝶。“当然好了，先生，非常值得买。这是件大户人家的遗产，上面的钻石就足足有两克拉。”

“B，我们走。”我低声道。“这家伙太讨人厌了。”当我们往电梯那边走的时候，我无意间听到一位顾客向另一个柜台的导购问道："你的意思是说，你们可能三年都不会再有一件了是吗？"

"没错，过三年再来吧。"

"但价格还会是一样的吗？"

"**明天**的价格一不一样我都不知道呢。"

我踏上自动扶梯，为自己让一个导购弄得没有买成东西而倍感懊恼。

"你为什么那么喜欢珠宝呢，A？"B问道。

"我也没多喜欢珠宝。我们去买几双爽健的鞋垫吧。珠宝永远也替代不了爽健。"

"我倒宁愿要珠宝。"B说。

"为什么？"

"因为钻石永远。"B说。

"永远什么呢？"[1]

1　B说的"钻石永远"原文为"a diamond is forever"，这句戴比尔斯（De Beers）的广告语的官方中译为"钻石恒久远，一颗永流传"。但此句原文在语法上是有一些古怪的：forever是副词，按照语法后面还要再加一个形容词句子才完整。比如我们可以说He is forever young（他永远年轻），但我们没法说He is forever（他永远）。沃霍尔正是在此意义上发出这一反问。

图书在版编目（CIP）数据

安迪 · 沃霍尔的哲学 / (美) 安迪 · 沃霍尔著 ; 寇淮禹译
. -- 上海 : 上海文艺出版社, 2024
ISBN 978-7-5321-8610-5
Ⅰ.①安… Ⅱ.①安… ②寇… Ⅲ.①沃霍尔(Warhol, Andy 1928-1987)—自传
Ⅳ.①K837.125.72
中国国家版本馆CIP数据核字(2023)第001047号

THE PHILOSOPHY OF ANDY WARHOL: From A to B and Back Again

著作权合同登记图字：09-2022-0122

发 行 人：毕　胜
责任编辑：肖海鸥
特约编辑：李若兰
封面设计：周安迪

书　　名：安迪 · 沃霍尔的哲学
作　　者：[美] 安迪 · 沃霍尔
译　　者：寇淮禹
出　　版：上海世纪出版集团　上海文艺出版社
地　　址：上海市闵行区号景路159弄A座2楼 201101
发　　行：上海文艺出版社发行中心
上海市闵行区号景路159弄A座2楼206室 201101 www.ewen.co
印　　刷：苏州市越洋印刷有限公司
开　　本：1092×787 1/32
印　　张：10.125
插　　页：3
字　　数：192,000
印　　次：2024年6月第1版 2024年6月第1次印刷
I S B N：978-7-5321-8610-5/K.474
定　　价：58.00元
告 读 者：如发现本书有质量问题请与印刷厂质量科联系 T: 0512-68180628